Guerra e política em psicanálise

Joel Birman

Guerra e política em psicanálise

1ª edição

Rio de Janeiro
2024

Copyright © Joel Birman, 2024

Diagramação de miolo: Abreu's System

Todos os direitos reservados. Proibida a reprodução, o armazenamento ou a transmissão de partes deste livro, através de quaisquer meios, sem prévia autorização por escrito.

Este livro foi revisado segundo o Acordo Ortográfico da Língua Portuguesa de 1990.

Direitos desta edição adquiridos pela
EDITORA CIVILIZAÇÃO BRASILEIRA
Um selo da
EDITORA JOSÉ OLYMPIO LTDA.
Rua Argentina, 171 – Rio de Janeiro, RJ – 20921-380
Tel.: (21) 2585-2000.

Seja um leitor preferencial Record.
Cadastre-se e receba informações sobre nossos lançamentos e nossas promoções.

Atendimento e venda direta ao leitor:
sac@record.com.br

CIP-BRASIL. CATALOGAÇÃO NA PUBLICAÇÃO
SINDICATO NACIONAL DOS EDITORES DE LIVROS, RJ

B521g

Guerra e política em psicanálise / Joel Birman. – 1. ed. – Rio de Janeiro : Civilização Brasileira, 2024.

ISBN 978-65-5802-123-0

1. Psicanálise – Aspectos políticos. 2. Guerra – Aspectos psicológicos. 3. Morte – Aspectos psicológicos. 4. Psicologia política. I. Título.

23-87091

CDD: 150.195
CDU: 159.964.2

Meri Gleice Rodrigues de Souza – Bibliotecária – CRB-7/6439

Impresso no Brasil
2024

Para Thais, pelas conversações intermináveis sobre guerra e política.

"Existem muito mais coisas entre o céu e a terra do que pensa a nossa vã filosofia."

William Shakespeare em *Hamlet**

---

* Shakespeare, W. *Hamlet*. In: Shakespeare, W. *Obras completas*. Rio de Janeiro, Nova Aguilar, 2016.

Sumário

INTRODUÇÃO   11

1. Descontinuidades   21
2. Narcisismo e alteridade   31
3. Individualismo e despolitização da psicanálise   37
4. Desconstrução do modelo liberal e a proletarização da psicanálise   45
5. Psicanálise e democracia   53
6. Mal-estar   61
7. Impasses da sublimação   69
8. Mal-estar, supereu e pulsão de morte   77
9. Universalidade da interdição de matar   83
10. Sujeito, culpa e masoquismo na interlocução entre Freud e Rousseau   89
11. Guerra total   97
12. Interdição de matar e autorização de matar   103
13. Trauma, angústia real e além do princípio do prazer   109
14. Vitalismo e mortalismo   117

15. O narcisismo das pequenas diferenças   125
Preâmbulo   127
Narcisismo das pequenas diferenças e
    guerra civil   128
Guerra e pulsão   130
Paz e guerra   133

16. Paz impossível   135

17. Guerra e política   145

REFERÊNCIAS BIBLIOGRÁFICAS   151

Introdução

Desde a dissolução da União Soviética, o fim da Guerra Fria e a queda do Muro de Berlim, entre 1989 e 1991, se acreditou, no Ocidente, que se atingira um novo e superior limiar civilizatório, no qual as guerras não mais existiriam e o mercado se expandiria ao infinito, de forma que as trocas comerciais seriam finalmente os moduladores das relações entre as nações. Em seguida, com o Consenso de Washington, estabelecido em 1980 e aplicado a partir de 1990, uma nova ordem mundial foi consolidada, pela conjunção estabelecida entre o *neoliberalismo* e os novos patamares construídos da *mundialização*. Vale dizer, o percurso político minuciosamente urdido por Margaret Thatcher, na Inglaterra, e Ronald Reagan, nos Estados Unidos, desde o final dos anos 1970, parecia ter encontrado finalmente o seu campo triunfante de chegada e o alicerce sólido para o seu relançamento em nível global.

A proposição triunfante, enunciada de maneira inesperada e peremptória por Thatcher, era de que não existiria a sociedade propriamente dita, mas apenas o mercado. Enunciava, com efeito, que não sabia o que queria dizer a palavra *sociedade*, pois o que conhecia concretamente era a troca de bens e serviços estabelecido como *mercado*. Assim, essa formulação axial se transformou no imperativo do neoliberalismo triunfante, que foi então instituído e disseminado de forma hegemônica em escala internacional. Foi nesse contexto histórico que alguns teóricos, na esteira de Hegel, a partir da leitura realizada pelo filósofo Alexandre Kojève nos anos 1930, como foi o caso exemplar de Francis Fukuyama, prognosticaram de maneira eloquente o advento do *fim da história*. Isso implicava enunciar que a expansão do mercado e da rede complexa do comércio em escala planetária disso decorrente seria a marca dos novos tempos, a ser então gerida pelos Estados Unidos em aliança com as grandes potências vencedoras inequívocas dos embates da longa Guerra Fria.[1]

Não obstante, em 1991 eclodiu a primeira guerra dirigida pelos Estados Unidos e pelas potências europeias contra o Iraque, em razão da invasão desse ao Kuwait. Nesse conflito, como se sabe, Saddam Hussein foi derrotado pela frente internacional, embora o regime que dirigia tenha sido poupado pelos vencedores, certamente por conta de sua aliança antiga com as potências ocidentais. Em seguida, em 2001, com a explosão das Torres Gêmeas, em Nova York, orquestrada por Osama bin Laden, inaugurou-se a guerra do Islã contra o Ocidente, que conduziu inicialmente à retaliação estadunidense contra o Afeganistão e, logo em seguida, contra o Iraque.

Em nome da busca de armas atômicas no Iraque – nunca comprovada, aliás –, os Estados Unidos derrubaram o

---

[1] Fukuyama, F. *O fim da história e o último homem*. Rio de Janeiro, Rocco, 1992. Kojève, A. *Introduction à la lecture de Hegel*. Paris, Gallimard, 1947.

INTRODUÇÃO

regime dirigido por Saddam Hussein, de modo unilateral, em aliança com a Inglaterra e sem qualquer aval das Nações Unidas, num banho de sangue calculado em 100 mil mortos, em sua maioria civis, principalmente mulheres e crianças. Assim, lançou-se mão, em escala global, da estratégia estadunidense dos tempos de pós-Guerra Fria, tecida em aliança com as potências europeias, para instituir a democracia no Oriente Médio de forma militar, retomando o velho ideário do Imperialismo, no momento em que os Estados Unidos se viram livres dos obstáculos políticos e militares que haviam sido produzidos anteriormente pelas tensões com a União Soviética. Enfim, o multilateralismo foi então abolido e se instituiu o unilateralismo gerido pelos Estados Unidos. Se essa intervenção militar estadunidense potencializou o anterior conflito étnico e religioso existente entre os xiitas e os sunitas no Iraque e em todo o Oriente Médio, que perdura ainda hoje, intensificou também o antigo confronto entre israelenses e palestinos – que atingiu um novo e radical limiar bélico em dezembro de 2023, enquanto este livro é escrito, com as populações civis sendo dizimadas em larga escala, principalmente a palestina.

Esse conjunto de remanejamentos políticos regionais, catalisados pela ação militar das grandes potências, acabou por conduzir posteriormente à Primavera Árabe, que terminou de maneira trágica no Egito e em outros países do Oriente Médio, tendo apenas na Tunísia um saldo político positivo, até o momento, pelo menos, com a derrocada definitiva da ditadura então existente. Ao lado disso, a derrubada de Muammar Gaddafi transformou a

Líbia numa arena sangrenta de uma disputa tribal entre diferentes etnias, que culminou na destruição total do Estado e abriu caminho para a intervenção militar decisiva do Ocidente no país, que, em seguida, teve suas riquezas petrolíferas saqueadas pela França e pela Inglaterra.

No bojo dessas reconfigurações regionais, para promover a queda do presidente Bashar al-Assad, em 2011 eclodiu a Guerra Civil Síria, que dura há mais de uma década e vem tendo a vitória do governo, tutelado pela Rússia.

Além disso, é preciso destacar que a configuração política, militar e religiosa do Estado Islâmico e o seu projeto político de constituição do califado foi a resultante direta ou indireta da intervenção militar ocidental no Oriente Médio, pois a revanche sunita contra os xiitas se aglutinou em torno desse grupo, como contrapartida à invasão do Iraque. Em consequência, se configurou um enorme contingente de refugiados sírios, cerca de 6,5 milhões de pessoas que passaram a circular pela Europa na busca desesperada pela sobrevivência e por um futuro possível, longe da devastação sangrenta ocorrida em seu país de origem.

A resultante de tudo isso no Ocidente foram as fraturas e fendas produzidas nos princípios fundamentais da democracia e da soberania política, realizadas sempre em nome do imperativo da segurança. Com efeito, os cidadãos dos países ocidentais, a começar pelos Estados Unidos do presidente Bush, passaram a ser *vigiados* na sua *existência privada*, nos menores detalhes, sob pretexto de prevenir o *terrorismo*. Além do mais, tudo isso ocorreu com a

INTRODUÇÃO

legitimidade oferecida pelas mídias estadunidenses, que foram cúmplices da totalidade desse processo de sequestro de direitos civis.

Da mesma forma, o *dispositivo de segurança* estadunidense passou a vigiar os territórios dos países aliados, questionando, frontalmente, a soberania nacional desses países, uma vez que criou prisões secretas e sequestrou supostos terroristas islamistas. Enfim, a manutenção da guerra contra o terrorismo no *front* militar se conjugou com os dispositivos securitários, o que colocou em questão o *estatuto político da democracia* e *da república*, isto é, o estado democrático de direito.

A Prisão de Guantánamo se constituiu, então, como monumento eloquente do estado de exceção, e nela foram trancafiados em condições abjetas e inumanas todos os supostos terroristas, designados, sem qualquer processo legal, pelos Estados Unidos.

Também o ataque ao jornal *Charlie Hebdo* em janeiro de 2015, seguido pelos devastadores ataques terroristas em Paris em novembro de 2015, atualizou tragicamente o lance de dados desse confronto entre o Ocidente e o Oriente, no registro agora dos valores, pois o que estava em pauta nos conflitos de outrora eram as práticas da luxúria, por um lado, e, pelo outro, a *ausência da censura* aos discursos sobre a religião que existiam de modo disseminada no Ocidente.

Portanto, a guerra efetivamente se *generalizou*, não se restringindo mais à Ásia, à África e ao Oriente Médio, como ocorreu inicialmente, passando a se expandir inclusive para a Europa e os Estados Unidos, onde as populações civis são certamente o alvo preferencial das ações bélicas. Ao lado disso, os dispositivos de segurança também se disseminaram ao infinito, alastrando assim o imperativo de vigilância generalizado, configurado por tecnologias de ponta, sem quaisquer limites no nosso horizonte atual.

O que tudo isso indica de forma eloquente, em contrapartida, é que estamos bastante distantes daquilo que se prognosticou com o fim da União Soviética, da Guerra Fria e da queda do Muro de Berlim. A tese do fim da história se evidenciou, desse modo, como uma grande balela.[2]

Isso aponta também para o fato de que nos inserimos a partir de então num *novo limiar de historicidade*, no qual as guerras passaram a ser relançadas e moduladas efetivamente pelo imperativo do *choque de civilizações*, como foi enunciado pelo cientista político estadunidense Samuel P. Huntington, da Universidade de Princeton, de maneira peremptória e reveladora, nos anos 1990.[3] Uma nova cartografia sobre a guerra foi, assim, estabelecida, na qual o confronto de civilizações se inscreveu no primeiro plano dos embates geopolíticos.

Em fevereiro de 2022, iniciou-se a invasão da Ucrânia pela Rússia, provocando a reação generalizada dos países ocidentais norteados pela União Europeia e pelos Estados Unidos, que enunciaram sanções econômicas severas contra a Rússia para sufocar seu esforço de guerra, com a legitimidade outorgada pela ONU. Porém, ao que tudo

---

[2] *Ibidem.*
[3] Huntigton, S. P. *O choque das civilizações e a recomposição da nova ordem mundial*. Rio de Janeiro, Objetiva, 1999.

INTRODUÇÃO

evidencia, a Rússia nunca aceitou a derrocada da União Soviética e a dissolução do Pacto (militar) de Varsóvia, com a manutenção paralela da OTAN, isto é, a aliança militar ocidental constituída nos tempos da Guerra Fria, que inclusive se expandiu nos últimos anos para países fronteiriços à Rússia e próximos dela, como a Letônia, a Lituânia, a Polônia, a Romênia e a Moldávia, antigos membros do Pacto de Varsóvia. Putin retomou, assim, de maneira decisiva o projeto de construção da Grande Rússia, iniciado de forma triunfal em direção à Europa com Pedro, o Grande, no século XVIII, como enunciou, em junho de 2022, numa reunião para um grupo de empresários.[4]

Além disso, é preciso destacar com toda a ênfase que o conflito da Guerra Fria se reiniciou, opondo agora os Estados Unidos e a China, na medida em que esta desponta como a nação hegemônica do futuro – desbancando o lugar até então ocupado pelos Estados Unidos desde o final da Segunda Guerra Mundial –, pela sua extraordinária expansão econômica, científica e tecnológica.

Esse processo, como se sabe, se iniciou no governo Trump (Republicano) e continuou pelo atual governo Biden (Democrata), embora esse movimento tenha sido preparado pelo investimento estratégico preliminar em direção à Ásia e ao Pacífico, realizado pelo governo Obama. Po-

---

[4] Hallam, J.; Knight, M.; Nasser, I. "Putin se compara a 'Pedro, o Grande', czar que conquistou territórios no século 18". *CNN Brasil*. 10 jun. 2022. Disponível em: <www.cnnbrasil.com.br/internacional/putin-se-compara-a-pedro-o-grande-czar-que-conquistou-territorios-no-seculo-18>. Acesso em: 20 dez. 2023.

de-se perfeitamente depreender disso que a nova etapa da Guerra Fria, contra a China, se transformou numa política de Estado dos Estados Unidos, sustentada pelos seus dois partidos ideologicamente opostos e por diferentes presidentes do país.

É preciso enfatizar ainda como o fantasma da Terceira Guerra Mundial começou a se fazer presente, articulado à possibilidade de confrontos nucleares, o que representaria efetivamente a destruição do planeta. Em relação a isso, é preciso evocar que, em 2022, o Instituto Internacional de Pesquisas da Paz de Estocolmo destacou o incremento da corrida nuclear e da aquisição de novas armas por nove potências nucleares, desde o fim da Guerra Fria.[5] Enfim, esse é o saldo deixado pela atual guerra de confronto entre a Rússia e a Ucrânia, em que se perfila a oposição entre o Ocidente e o Oriente. Da mesma forma, a eclosão da guerra entre Israel, o Hamas e a Autoridade Palestina colocou em cena de modo radical outro acontecimento eloquente da nova guerra mundial em curso radical e certamente galopante.

Portanto, os múltiplos signos destacados nesse percurso esquemático evidenciam que, na atualidade, estamos bastante afastados da tese formulada por Immanuel Kant sobre a *Paz Perpétua*, no final do século XVIII, que acreditava ser uma das resultantes do Iluminismo. Com

---

[5] The Stockholm International Peace Research Institute. "States invest in nuclear arsenals as geopolitical relations deteriorate – New SIPRI Yearbook out now". Disponível em: <www.sipri.org/media/press--release/2023/states-invest-nuclear-arsenals-geopolitical-relations--deteriorate-new-sipri-yearbook-out-now>. Acesso em: 20 dez. 2023.

efeito, o domínio irrestrito da razão e a disseminação correlata do discurso da ciência poderiam ser a condição de possibilidade para a Paz Perpétua, assim como para o fim das guerras entre as nações, pois tais indicadores evidenciariam a inscrição do homem na *maioridade da razão*.[6]

Sabe-se que, no início de seu percurso teórico, Freud acreditava decisivamente na possibilidade da Paz Perpétua. Com a eclosão sangrenta da Primeira Guerra Mundial, que se caracterizou como uma guerra total, apresentando características muito diferentes das guerras do passado, ele modificou radicalmente a sua leitura sobre a guerra e suas intrincadas relações com a paz e a política.

Contudo, no final do seu percurso teórico, Sigmund Freud, diferentemente de Albert Einstein,[7] não acreditava na Paz Perpétua, apesar de também ser um pacifista: no ensaio "Por que a guerra?", enunciou que as lutas armadas são inevitáveis.[8] Publicado em 1933, o texto é oriundo de uma troca de correspondências com Einstein, promovida pela Sociedade das Nações, sobre a questão da guerra e da sua prevenção possível, num contexto histórico de radicalização política com a ascensão do fascismo e do nazismo na Europa.

---

[6] Kant, E. "Vers la paix perpétuelle". In: Kant, E. *Vers la Paix Perpétuelle; Que signifie s'orienter dans la pensée?; Qu'est-ce que les lumières? et autres textes*. Paris, Flammarion, 1991.

[7] Einstein, A. "Why War?". In: Freud, S. *The Standard Edition of the Complete Psychological Works of Sigmund Freud*. Vol. XXII. Londres, Hogarth Press, 1961.

[8] Freud, S. "Pourquoi la guerre?" (1933). In: Freud. S. *Résultats, idées, problèmes*. Vol. II. Paris, PUF, 1985.

Por que Freud virou de ponta-cabeça a sua leitura sobre a guerra ao longo de sua obra, assim como sua relação da fundação da psicanálise com a política?

A problematização dessa questão me orientará detidamente ao longo deste livro, na leitura crítica que proponho sobre as relações da psicanálise com a política e a guerra, assim como do seu correlato: as relações da psicanálise com a paz e a guerra.

Ao lado disso, vou problematizar também as relações polêmicas e equivocadas do movimento psicanalítico internacional e brasileiro com a política. No Brasil, aliás, isso culminou na participação de um jovem analista em práticas de tortura realizadas nos porões da ditadura militar.

1. Descontinuidades

A problematização sobre as relações estabelecidas entre a *psicanálise* e a *política* foram *quase* sempre marcadas radicalmente pela *ausência* e mesmo pela *inexistência*, isto é, *pelo silêncio*. Ao destacar a palavra "quase" na frase anterior, a intenção foi colocar devidamente em pauta a existência de cortes históricos significativos, no que concerne a essa *problemática*,[1] na história do discurso psicanalítico. Tais descontinuidades e rupturas marcam a existência de um antes e de um depois, num divisor de águas eloquente que se produziu ao longo da história da psicanálise. Com efeito, esse tema levou a inflexões decisivas na história do movimento psicanalítico, de forma que aquelas relações passaram a ser caracterizadas pela ausência e mesmo pela inexistência. Nesse contexto, ocorreram *descontinuidades* nas linhas de força da história do movimento psicanalítico, que se condensou pela *ruptura eloquente nas coordenadas da discursividade psicanalítica*.

---

[1] Foucault, M. *Dits et écrits*. Vol. IV. Paris, Gallimard, 1994; Deleuze, G.; Guattari, F. *Mille Plateaux, Capitalisme et schizophrenie 2*. Paris, Minuit, 1980.

Isso não implica dizer que, anteriormente a essa ruptura, as relações entre a psicanálise e a política tenham sido caracterizadas pela placidez e pela ausência de arestas entre os *discursos* em questão.[2] Antes desse corte, as relações em pauta foram marcadas pela tensão e pelo conflito, os quais foram as condições concretas de possibilidade para a produção de múltiplas controvérsias e polêmicas entre tais discursos, embora a psicanálise não se relacionasse com a política sob as formas da ausência e da inexistência. Dessa maneira, o discurso da política se inscrevia de *fato* e de *direito*,[3] no discurso da psicanálise. O que implica dizer que, nesse contexto histórico, a psicanálise receberia o discurso da política de forma *positiva*, e não *negativa do seu discurso*, como passou a ocorrer posteriormente na história do movimento psicanalítico de modo decisivo.

Vale dizer, a psicanálise assumiria então uma *posição* francamente *crítica* face ao discurso da política, do qual se pressupunha que o discurso psicanalítico reconhecia a *pertinência* e a *legitimidade* no seu campo – condição de possibilidade, portanto, para o discurso psicanalítico assumir a posição crítica diante da política. Porém, o que aconteceu, decisivamente, na história do discurso psicanalítico, foi a *perda* dessa posição crítica, de forma que a psicanálise passou a colocar posteriormente o discurso da política numa posição franca de ausência e inexistência.

No entanto, é preciso destacar que a posição crítica do discurso freudiano em relação às múltiplas *formações*

---

[2] Foucault, M. *L'ordre du discours.* Paris, Gallimard, 1976.
[3] Kant, E. *Critique de la raison pure.* Paris, PUF, 1971.

sociais e culturais modelou o movimento inaugural do discurso psicanalítico e marcou as coordenadas fundamentais do movimento psicanalítico. Assim, o discurso freudiano empreendeu a crítica da civilidade ocidental, tanto no ensaio inicial, de 1908, intitulado "A moral sexual 'civilizada' e a doença nervosa moderna",[4] quanto no ensaio posterior, publicado em 1930, intitulado "O mal-estar na civilização".[5] Além disso, o discurso freudiano articulou a leitura da *formação religiosa* em múltiplos ensaios, dos quais se destacaram "O futuro de uma ilusão",[6] de 1927, e "Moisés e a religião monoteísta", de 1938.[7] Sem esquecer ainda, é claro, dos diversos ensaios em que o discurso freudiano tematizou a problemática da *literatura* – como o texto, de 1907, "Delírio e sonho de Gradiva de Jensen"[8] e a problemática das *artes plásticas* – como ensaio de 1910, "Uma lembrança de infância de Leonardo da Vinci",[9] e o de 1914, "O Moisés de Michelangelo".[10] Portanto, a leitura crítica da política, realizada pelo discurso freudiano, deve ser inserida no *conjunto* daquelas, realizadas pelo mesmo discurso, sobre as múltiplas *formações culturais* e *sociais*.

[4] Freud, S. "La morale sexuelle 'civilisée' et la maladie nerveuse des temps modernes" (1908). In: Freud, S. *La vie sexuelle*. Paris, PUF, 1973.
[5] Idem. *Malaise dans la civilisation* (1930). Paris, PUF, 1971.
[6] Idem. *L'avenir d'une illusion* (1927). Paris, PUF, 1973.
[7] Idem. *L'homme Moïse et la religión monothéiste*. (1938). Paris, Gallimard, 1986.
[8] Idem. *Delire et rêves dans la Gradiva de Jensen* (1896). Paris, PUF, 1971.
[9] Idem. *Un souvenir d'enfance de Léonard de Vinci* (1910). Paris, Gallimard, 1985.
[10] Idem. "Le Moïse de Michel-Ange" (1914). In: Freud, S. *Essais de psychanalyse appliquée*. Paris, Gallimard, 1933.

Em decorrência desse conjunto de leituras críticas, os comentadores da obra de Freud reconheceram que uma parcela dos escritos freudianos seria constituída pelos discursos sociais e culturais que compõem o *arquivo freudiano* da psicanálise, de forma incontornável. Para tais comentadores, essas diferentes leituras críticas se inscrevem *organicamente* no discurso psicanalítico, não sendo, pois, um *apêndice* que poderia ser então descartado.

Por que insisto tanto nesse ponto específico do discurso freudiano? Porque uma parcela significativa e detentora de grande *poder institucional* do movimento psicanalítico internacional procurou *esvaziar* e *silenciar* os valores *conceitual* e *simbólico* da dimensão política do discurso freudiano, de maneira a procurar *eliminar* dele as leituras que realizou das formações sociais e culturais. Foi essa leitura *negativa* sobre a dimensão fundamental do arquivo freudiano que conduziu muitos a considerarem como destituídas de legitimidade e de consistência teórica tais incursões freudianas nos registros sociais e culturais. Dessa maneira, foi radicalmente por este viés que o movimento psicanalítico descartou igualmente a importância do registro político em psicanálise.

A responsabilidade, no que concerne a essa inflexão decisiva assumida pelo movimento psicanalítico, pode ser atribuída a Ernest Jones, que ocupava inequivocamente a liderança institucional e internacional desse movimento. Como se sabe, Jones se inscreveu inicialmente na posição de discípulo de Freud em Viena, mas posteriormente ocupou uma posição dominante nos movimentos psicanalítico inglês e estadunidense, pois o inglês era a sua língua materna. Da mesma forma, ocupou uma posição política e institucional destacada na International Psychoanalytical Association (IPA).

Qual foi o gesto fundamental de Jones em relação a isso? No terceiro volume da monumental biografia *A vida e a obra de Sigmund Freud*, no capítulo referente à leitura dos textos freudianos sociais e culturais, Jones enunciou a concepção de que tais escritos não teriam qualquer importância efetiva no campo teórico da psicanálise, assim como não introduziriam qualquer inovação na teoria psicanalítica.[11] Vale dizer que, segundo o autor, esses escritos freudianos indicariam apenas as concepções de um homem culto, velho e sábio opinando sobre as grandes questões da humanidade, mas que não representavam efetivamente qualquer avanço teórico, conceitual e clínico para a psicanálise.[12]

Portanto, o que o discurso freudiano teria realizado com tais incursões socioculturais não passaria de um exercício de *psicanálise aplicada*, com toda a consideração negativa a propósito desse termo na tradição psicanalítica, a partir de conceitos que foram enunciados em outros registros teóricos e clínicos de tal discurso.[13] Ainda segundo Jones, nenhum escrito psicanalítico sobre a cultura e a sociedade contribuiu para o avanço do saber psicanalítico propriamente dito, pois o discurso

---

[11] Jones, E. *La vie et l'oeuvre de Sigmund Freud*. Vol. III. Paris, PUF, 1972.
[12] *Ibidem*.
[13] *Ibidem*.

da psicanálise teria sido construído a partir de outros contextos e registros do discurso freudiano.[14]

A leitura de Jones teve um efeito contundente, marcando de forma decisiva o movimento psicanalítico inscrito no campo institucional da International Psychoanalytical Association, em escala internacional, retirando assim qualquer importância e legitimidade para a leitura dos registros culturais e sociais numa perspectiva psicanalítica. Além disso, foi também devido a esse viés negativo e deslegitimador que a leitura psicanalítica sobre a política foi igualmente esvaziada e negativada no campo psicanalítico, durante décadas.

Desse modo, a política foi demonizada pela comunidade psicanalítica internacional. Falar sobre o tema passou a ser considerado um *sintoma*, um signo incontornável de um analista ou de um candidato a analista que não teria levado tão longe sua análise (didática) de formação psicanalítica, como deveria fazer para ser efetivamente um analista.

Igualmente, no campo da International Psychoanalytical Association, no que concerne às problemáticas da *sexualidade* e do *gênero*, ocorreu que a *homossexualidade* foi também interditada, de forma que analistas e candidatos a analistas deveriam ser decididamente *heterossexuais*, uma vez que a homossexualidade seria considerada não apenas uma enfermidade como também uma perversão.

Esse banimento da homossexualidade nesse campo institucional perdurou até os anos 1980, quando o mo-

---

[14] *Ibidem.*

vimento homossexual estadunidense conseguiu impor à American Psychiatric Association o fato de que a homossexualidade não é uma doença, mas uma variação possível da sexualidade humana, como, aliás, a heterossexualidade. Esta era, aliás, a posição de Freud sobre isso desde a publicação dos "Três ensaios sobre a teoria da sexualidade".[15] Enfim, apenas depois disso homossexuais passaram a ser inscritos e reconhecidos como vidas possíveis no campo psicanalítico internacional, seja como analista ou candidato a analista, não sendo mais considerados como perversos.

No entanto, o que se destacou foi o reconhecimento de que outrora, na análise desses analistas homossexuais, o campo de sexualidade esteve completamente ausente de suas narrativas psicanalíticas de forma francamente paradoxal, ao mesmo tempo que estabeleciam casamentos formais "para inglês ver".

Por *extensão* da *normalização* e da *medicalização* então ocorridas no campo psicanalítico, os psicanalistas deveriam ser também monogâmicos e ter a capacidade de *ganhar dinheiro* nesse contexto histórico, transformados decisivamente que foram tais critérios em signos eloquentes, incontornáveis e decididos de final de análise, isto é, como critério de cura em psicanálise.

---

[15] Freud, S. *Trois essais sur la théorie de la sexualité* (1905). Paris, Gallimard, 1962.

2. Narcisismo e alteridade

Não resta qualquer dúvida de que a interpretação negativa realizada por Ernest Jones, sobre a legitimidade e a pertinência da leitura freudiana das formações sociais e culturais, remete também a uma consideração *restrita* sobre o saber psicanalítico, na qual este se circunscreve ao campo da *clínica*, de forma que a *verdadeira psicanálise* seria aquela realizada no contexto específico do *espaço psicanalítico*,[1] para nos valer de um conceito enunciado por Serge Viderman, nos anos 1970. A partir dessa perspectiva, o espaço analítico seria também o lugar onde a tradição psicanalítica teria forjado seu arcabouço teórico fundamental, norteada pela experiência da transferência.

Não há dúvida de que a psicanálise como discurso se constituiu a partir da experiência psicanalítica centrada na transferência. Com efeito, foi para pensar nas condições concretas de possibilidade dos imperativos e dos impasses da experiência psicanalítica que o saber analítico foi efetivamente construído. Contudo, é preciso enunciar também que esse processo não se restringe a essa única dimensão, não está confinado apenas a esse espaço.

---

[1] Viderman, S. *La construction de l'espace analytique*. Paris, Denoël, 1971.

Vale dizer, as coordenadas fundamentais da experiência analítica podem ser *transpostas* e *transfiguradas*, por *analogia* e *similaridade*, para outros espaços existenciais, como ocorreu ao longo da história da psicanálise em múltiplos contextos. Foi por esse viés que a *psicanálise com crianças* passou a ser concebida, no debate histórico e teórico estabelecido entre Ana Freud e Melanie Klein, nos anos 1930 e 1940, assim como posteriormente se instituiu a possibilidade de a psicanálise ser usada como tratamento para a *psicose*. No entanto, com as figuras da criança e da psicose, nos mantemos ainda no espaço especificamente clínico, pela consideração de outras positividades.

É preciso evocar que o discurso freudiano já tinha passado a conceber a relação de fundação existente entre a *produção pictórica artística* e os *fantasmas inconscientes*, como na leitura que Freud empreendeu da vida e da obra de Leonardo da Vinci,[2] nos anos 1910. Ao lado disso, esse discurso empreendeu a relação entre a *constituição libidinal das massas* e a *configuração das massas* no registro social e político, na obra publicada em 1921, intitulada "Psicologia das massas e análise do eu".[3] Por esse outro viés, o discurso freudiano passou a pressupor que o inconsciente incide sobre as formações sociais e culturais, assim como sobre os dispositivos coletivos. No contexto teórico dessa obra, Freud enunciou de forma incisiva que a psicanálise não se restringiria ao registro da

---

[2] Freud, S. *Un souvenir d'enfance de Léonard de Vinci* (1910). Paris, Gallimard, 1985.
[3] *Idem.* "Psychologie des foules et analyse du moi" (1921). In: Freud, S. *Essais de psychanalyse*. Paris, Payot, 1981.

individualidade, pois, além de problematizar a *psicologia individual*, o discurso psicanalítico seria ao mesmo tempo uma *psicologia social*.[4] Portanto, a experiência analítica incidiria nos registros *narcísico* (psicologia individual) e *alteritário* (psicologia coletiva) ao mesmo tempo,[5] na medida em que o inconsciente seria refratado por esse duplo registro da experiência libidinal e transferencial.

Em consequência desse pressuposto, Jacques Lacan pôde formular, em 1953, no ensaio "Função e campo da fala e da linguagem em psicanálise", que o inconsciente seria de ordem *transindividual*,[6] e não restrito ao registro do *eu*, no qual se configuraria e se plasmaria o campo do indivíduo.[7] Essa formulação de Lacan se inscreve estritamente na leitura freudiana, e os seus pressupostos foram enunciados na "Psicologia das massas e análise do eu", uma vez que o registro do inconsciente não se inscreve efetivamente no campo do eu, sendo assim de ordem propriamente alteritária.

Para o discurso teórico de Lacan, se o eu se encontra inscrito no registro do *imaginário*, o inconsciente, em contrapartida, está, decididamente, no registro do *simbólico*.[8] Além disso, ainda em consonância estrita com os pressupostos do discurso freudiano, Lacan enunciou, no final do seu percurso teórico, que o inconsciente seria a *política*, de forma que, de fato e de direito, a leitura

---

[4] *Ibidem.*
[5] *Ibidem.*
[6] Lacan, J. "Fonction et champ de la parole et du langage en psychanalyse" (1953). In: Lacan, J. *Écrits*. Paris, Seuil, 1966.
[7] *Ibidem.*
[8] *Ibidem.*

freudiana das diferentes formações sociais e culturais se inscreveria nas linhas de força e nas coordenadas do campo psicanalítico propriamente dito. Portanto, se o registro do eu é de ordem eminentemente narcísica, o inconsciente, em contrapartida, seria de ordem francamente alteritária, constituindo aquilo que Freud denominou de *outra cena*.

3. Individualismo e despolitização da psicanálise

A tomada de posição (equivocada) de Ernest Jones teve o efeito devastador de esvaziar inteiramente as relações do discurso psicanalítico com as formações culturais e sociais, que foram legitimadas e valoradas por Freud de múltiplas maneiras. No entanto, é importante destacar o campo efetivo e a positividade que o equívoco de Jones estabeleceu no movimento psicanalítico internacional, que permaneceu instituído durante décadas.

O pressuposto teórico que norteava a leitura de Jones foi a identificação estabelecida entre os registros do inconsciente e do indivíduo (eu), de forma que, se para o discurso freudiano o registro do inconsciente implicava o *descentramento* crucial do inconsciente face aos registros da consciência e do eu,[1] na leitura enunciada por Jones, em contrapartida, a psicanálise se inscreveria positivamente na tradição do *individualismo*.[2]

---

[1] Freud, S. "L'inconscient". In: Freud, S. *Metapsychologie*. Paris, Gallimard, 1960.
[2] Dumont, L. *Ensaios sobre o individualismo: uma perspectiva antropológica da ideologia moderna moderno*. Rio de Janeiro, Civilização Brasileira, 1983.

Na leitura enunciada no discurso da antropologia social, com Louis Dumont, em *Ensaios sobre o individualismo*, a categoria de indivíduo seria o átomo constitutivo da ordem social (alteridade). Daí porque, sempre segundo Dumont, o individualismo se basearia na concepção do *indivíduo-valor*, se contrapondo então à tradição *holística*, em que a individualidade empírica suporia sempre o campo da totalidade que a fundaria, de fato e de direito.[3]

Contudo, essa *inflexão* individualista na leitura do sujeito em psicanálise seria decisiva e teria consequências fundamentais na epistemologia da psicanálise, conduzindo-a, por um lado, à *psicologia do ego* na tradição psicanalítica estadunidense, nos anos 1940 e 1950, com Kris, Hartmann e Lowenstein, e, por outro, à *exclusão* da leitura dos registros sociais e culturais no discurso psicanalítico, por outro. Além disso, tal inflexão conduziu igualmente à exclusão do registro da *política* na tradição psicanalítica pós-freudiana, como já destaquei anteriormente.

O silêncio estridente da psicanálise no que concerne ao campo da política, excluída da instituição psicanalítica, teve *ressonâncias* decisivas no movimento psicanalítico pós-freudiano, incidindo, além disso, no espaço social em geral e nos movimentos políticos de esquerda de maneira categórica. Com efeito, a psicanálise passou a ser considerada um *discurso ideológico da pequena burguesia*, pois, ao sustentar os interesses diretos do indivíduo (narcisismo) contra a dimensão coletiva da ordem social

---

[3] *Ibidem.*

(alteridade), seria conduzida para a oposição de qualquer projeto político no interior de seu discurso, reduzindo-o à condição do silêncio. Com efeito, a psicanálise seria violentamente contra o imperativo da revolução social, no contexto político-social de alta polarização nos tempos da Guerra Fria, como pretendia o discurso marxista de então.

Em consequência, desde os anos 1940 e 1950 o discurso psicanalítico foi atacado de forma sistemática no campo das esquerdas e do movimento comunista internacional, impedindo, assim, que os seus militantes demandassem qualquer modalidade de cuidado psicanalítico, pois seriam violentamente criticados e acusados de serem traidores da causa revolucionária.

Essa crítica à psicanálise como discurso estratégico da pequena burguesia foi constituída na tradição stalinista do movimento comunista internacional e se disseminou como tal em escala internacional, em decorrência da posição estratégica ocupada nesse momento pela palavra revolucionária então enunciada por Moscou.

O efeito devastador e ao mesmo tempo fundamental pode ser bem avaliado no campo do movimento comunista francês, pela *ruptura* do discurso teórico de Georges Politzer com a psicanálise. Em 1927, Politzer escreveu uma obra fundamental, que constituiu as coordenadas cruciais do pensamento e do campo psicanalítico na França pela mediação de Lacan, entre outros, intitulada *Crítica dos fundamentos da psicologia*,[4] com vistas a

---

[4] Politzer, G. *Critique des fondements de la psychologie* (1927). Paris, PUF, 1968.

possibilitar a construção futura da *psicologia concreta*.[5] Nos anos 1940, em contrapartida, a sua posição teórica em relação à psicanálise se transformou radicalmente, uma vez que a psicanálise foi então enunciada por Politzer como porta-voz do discurso da pequena burguesia, como destacamos anteriormente.

Somente em 1964, com a publicação do ensaio magnífico intitulado "Freud e Lacan", por Louis Althusser,[6] o movimento comunista e marxista francês rompeu decisivamente com o antipsicanalismo instituído por Politzer, inaugurando um novo tempo na relação ideológica entre a psicanálise e o marxismo, posterior, então, ao stalinismo, no movimento psicanalítico internacional.

Essa leitura da psicanálise despolitizada incidiu na militância brasileira de esquerda, nos anos 1960, 1970 e 1980, estabelecendo uma interdição fundamental à psicanálise. Como já abordado, nos campos do movimento psicanalítico brasileiro e internacional, a política foi interditada como um *sintoma* a ser eliminado por uma psicanálise que clinicamente fosse efetiva e terapêutica.

Contudo, a exclusão da dimensão política na psicanálise implicou o retorno da política de forma brutal, de maneira que, se a política foi excluída da nobre sala de jantar da psicanálise, ela voltou à cena, espantosamente, pela porta dos fundos e de serviço. Vale dizer, se a política foi abolida do registro simbólico na psicanálise, ela retornou

---

[5] *Ibidem*.
[6] Althusser, L. "Freud et Lacan" (1964). In: Althusser, L. *Positions*. Paris, Sociales, 1976.

de modo brutal no registro real, como ideologia e prática social violenta da extrema direita.

Com efeito, nos anos 1960 e 1970, Amílcar Lobo, um jovem analista em formação na Sociedade Psicanalítica do Rio de Janeiro, participou como auxiliar médico de tortura nos porões da ditadura. Essa informação veio à tona pela denúncia da psicanalista Helena Besserman Vianna, que, em 1994, publicou um livro importante sobre o tema, intitulado *Não conte a ninguém...*, que se transformou num escândalo no movimento psicanalítico internacional e na sociedade brasileira de então, colocando, assim, em questão a credibilidade da psicanálise.[7]

É possível, portanto, enunciar que, entre o discurso do movimento psicanalítico pós-freudiano e o movimento comunista e socialista internacional, ocorreu uma conexão e uma justaposição espantosa, e ao mesmo tempo paradoxal, que conduziu à eliminação ostensiva da política na comunidade psicanalítica, entre os anos 1960 e 1980. Tal questão permaneceu instituída no campo psicanalítico brasileiro até a década de 1990 e o início do século XXI, quando outra tendência foi então progressivamente constituída. É o que se verá no capítulo seguinte.

---

[7] Besserman Vianna, H. *Politique de la psychanalyse face à la dictature et la torture. N'en parlez à personne....* Paris, Harmattan, 1998. [Ed. bras.: *Não conte a ninguém... Contribuição à história das sociedades psicanalíticas no Rio de Janeiro.* Rio de Janeiro, Imago, 1994.]

4. Desconstrução do modelo liberal e a proletarização da psicanálise

Na viragem do novo século, a referência à política começa a se realizar no campo da psicanálise brasileira de forma explícita, como uma novidade indiscutível na história social e psicanalítica do país. Nesse contexto sócio-histórico, caracterizado pelo estabelecimento da democracia plena e da nova Constituição após os anos de chumbo da ditadura militar, não era mais concebível ou mesmo sustentável a exclusão da política do campo psicanalítico, nem seu correlato, qual seja, a separação da condição de *cidadania* da figura do analista.

A questão que se impõe, então, de forma crucial, *irrevogável* e até mesmo *incontornável*, é qual teria sido a condição concreta de possibilidade para essa transformação *radical*. Com efeito, tal radicalidade se configurou como um *divisor de águas* na história da psicanálise brasileira, de modo a promover uma descontinuidade e se enunciar como um verdadeiro acontecimento, propiciando outras coordenadas para o futuro.

Para circunscrever devidamente tal mudança, é preciso destacar de maneira preliminar as transformações no campo da Associação Brasileira de Psicanálise, inserida na International Psychoanalytical Association. Inicialmente restrita apenas aos profissionais com formação universitária em medicina, somente ao longo dos anos 1980 os psicólogos passaram a ser aceitos como candidatos e membros na Associação Brasileira de Psicanálise. A partir de então, também outros profissionais oriundos dos campos das ciências humanas passaram a se inserir como membros do campo lacaniano, que então se iniciava no país.

Ao mesmo tempo, é preciso colocar em devido destaque que até o início dos anos 1980 apenas 3% dos profissionais médicos, de todas as especialidades reunidas, poderiam se sustentar economicamente no campo da *assistência privada*, não precisando, pois, de qualquer inscrição no campo *público* para sobreviver, fosse o campo *universitário* ou uma *assistência pública de cuidados*. Portanto, é preciso reconhecer que a prática médica de então não se inscrevia mais no campo clássico da medicina privada e liberal, iniciada de modo triunfal ao longo do século XIX,[1] e se estendendo até o início dos anos 1960, segundo uma enquete realizada no Instituto de Medicina Social da Universidade do Estado do Rio de Janeiro.

Contudo, a psicanálise ainda se inscrevia plenamente no dito modelo liberal nesse contexto histórico, pois a grande maioria dos analistas se restringiam ao trabalho clínico privado em seus consultórios. A implicação disso era não apenas a exigência da formação médica para ser psicanalista, mas também o número restrito de analistas, de forma que estes mantinham apenas uma *clientela clí-*

---

[1] Léonard, J. *La médecine entre les pouvoirs et les savoirs*. Paris, Audora, 1981.

nica no campo privado, da qual poderiam cobrar altos preços pela sessão de análise. Portanto, a psicanálise como prática clínica estava concretamente voltada para as *elites econômicas* do país, que poderiam pagar os altos preços exigidos pelos analistas.

Ao lado disso, entre os anos 1970 e 1990 se disseminou a prática da *psicanálise de grupo* no Brasil, oriunda da Inglaterra e da Argentina, com o modelo teórico de Wilfred Bion, das *dinâmicas de grupos*,[2] o que possibilitou incluir uma parcela significativa das *classes médias* das grandes cidades no campo da assistência psicoterápica e psicanalítica de cuidados.

Contudo, é preciso enfatizar ainda que, se esse modelo de prática clínica tinha um custo econômico relativamente baixo para os analisandos, era muito bem remunerado para os analistas, muito mais do que as análises ditas individuais. Assim, os profissionais consagrados à época no Brasil passaram a dedicar, para as análises de grupo, um número elevado de seu tempo no consultório privado.

Dessa maneira, a psicanálise era uma prática clínica voltada para as elites (análise individual) e para as classes médias (análise de grupo), se inscrevendo no modelo clássico da prática clínica liberal. Nesse contexto, as *classes populares* estavam efetivamente afastadas e ausentes do campo clínico psicanalítico no Brasil, porque mesmo os analistas das ditas clínicas "sociais" de diferentes instituições, que se voltavam para a formação de jovens analistas e cobravam preços mais baixos, se voltavam decidida e

---

[2] Bion, W. *Experiências com grupos*. Rio de Janeiro, Imago, 1970.

claramente para a população das classes médias. Isso fazia também com que a *formação psicanalítica* fosse muito dispendiosa para os jovens analistas. Além das quatro ou cinco sessões individuais semanais, o jovem analista em formação deveria realizar muitas horas, durante anos, de trabalho clínico supervisionado por um analista reconhecido pela instituição em que ele se inserisse.

Entre o final dos anos 1990 e o início do século XXI, no entanto, a situação social dos analistas já não era mais a mesma. Apenas uma parcela muito pequena poderia sobreviver economicamente restrita ao campo da prática privada como ocorria outrora, já que a grande maioria dos profissionais passou a se inscrever também no campo da assistência pública, para sobreviver, como já ocorria havia longo tempo no campo da medicina clínica.

A já citada inserção dos profissionais com formação universitária em psicologia no *mercado de trabalho clínico de psicanálise*, ocorrida a partir dos anos 1980, junto com a aceitação de profissionais das ciências humanas no campo de formação e de prática clínica lacaniana, ocasionou o aumento gigantesco do número de profissionais analistas no mercado da clínica psicanalítica de então. Dessa forma, o campo psicanalítico foi não apenas *inflacionado*, mas a oferta de analistas aumentou vertiginosamente. Em contrapartida, isso implicou a diminuição dos preços da prática psicanalítica oferecida, de maneira vertiginosa.

Assim, a psicanálise deixou de ser, em geral, uma prática clínica liberal, como outrora, e os consultórios passaram a ser paradoxalmente mais próximos do *modelo de ambulatório público* do que de um consultório privado. Ao lado disso, uma parcela significativa dos analistas passou também a ser credenciada por planos de saúde, o que delineia ainda mais essa marca não liberal. Além disso, as ditas clínicas sociais de psicanálise deixaram de ser restritas à prática da aprendizagem dos jovens analistas, passando a ser valorados por todos os analistas como possibilidade de forjarem uma clínica "privada" (ambulatorial) propriamente dita.

Vale dizer, a psicanálise como prática clínica se inscreveu de forma decisiva num processo social de *proletarização*, como já tinha ocorrido outrora com a prática médica. Os psicanalistas mudaram radicalmente a própria condição social, passando a se preocupar com a política, pois o imperativo da *sobrevivência econômica* se colocou desde então em cena de modo incontornável. Assim, o analista, de condição de ser apolítico, passa a se constituir na figura do *psicanalista cidadão*, modulado pelo discurso político. Enfim, foi nesse momento decisivo da história que uma parcela significativa do movimento psicanalítico brasileiro passou a se inscrever no campo da esquerda, do estrito ponto de vista político. Engajaram-se, dessa maneira, na campanha presidencial de 2018 no campo da esquerda, que acabou vencida por Bolsonaro, como representante da *extrema direita* política, sustentando uma *pauta conservadora dos costumes* e a aliança com a Igreja Evangélica de base neopentecostal, numa perspectiva eminentemente antidemocrática.

Uma parcela da comunidade psicanalítica, que se relaciona com as ideias de esquerda e de democracia, constituiu um movimento denominado Psicanalistas Unidos pela Democracia, que promoveu atividades regulares desde 2018, além de participar ativamente das múltiplas manifestações públicas antibolsonaristas e em defesa da democracia plena. Desse modo, se tornou eloquente a articulação íntima existente entre a *psicanálise* e a *democracia*, como veremos em seguida.

5. Psicanálise e democracia

A formulação *sistemática* das relações fundamentais entre psicanálise e democracia se enunciou desde os anos 1990, no contexto social, político e geopolítico do fim da Guerra Fria e do silenciamento relativo da polarização entre o Ocidente e a União Soviética. Com a derrota do socialismo na União Soviética e a desconstrução correlata do bloco soviético, o que se impôs paulatinamente como pauta política internacional das esquerdas foi o imperativo efetivo da democracia, no sentido pleno, geral e irrestrito.

Contudo, esse imperativo pressupunha a crítica pertinaz da democracia *formal* e a ênfase na democracia *real*, que não se restringiria apenas aos processos eleitorais regulares, mas se estenderia à *liberdade* como princípio fundamental da experiência coletiva.

Também se disseminou, nas relações sociais e no espaço social, o imperativo dos *direitos humanos*, que não eram devidamente respeitados nos países onde se instituiu nos anos precedentes os regimes da *direita* e da *extrema direita*, como na Hungria e na Polônia, na Europa Oriental. Em decorrência disso, estes foram pressionados pela União Europeia, por não respeitarem os princípios da democracia, na forma ampla do termo. Nos dois países, o Poder Executivo se impôs ao Judiciário, desconstruindo o asseguramento dos direitos humanos e das liberdades públicas, e constituindo formas autocráticas de poder, em que a ordem democrática foi efetivamente solapada.

Da mesma forma, no Brasil, como se sabe, Jair Bolsonaro agrediu fundamentalmente a democracia também pelo ataque sistemático do Poder Judiciário pelo Executivo, além do questionamento perverso da segurança das urnas eletrônicas. Além disso, estimulou os movimentos sociais bolsonaristas a criticarem o Judiciário pelas redes sociais, como milícias francamente fascistas, com o auxílio fundamental das Igrejas Evangélicas neopentecostais.

Nesse contexto, a ordem democrática se impõe em escala internacional como modelo de civilidade, desde que a democracia seja real – e não formal, como ocorre na Europa Oriental e ameaça acontecer no Brasil. A perspectiva democrática é defendida efetivamente pela Europa Ocidental e pela psicanálise, em todo o mundo, na atualidade.

Assim, nesse contexto se enunciou de modo eloquente a articulação entre o discurso psicanalítico e a democracia, no sentido de estabelecer a impossibilidade de empreendimento da psicanálise como prática clínica sem que seja instituída ao mesmo tempo a ordem democrática propriamente dita. Porém, como vimos, essa conjunção fundamental ocorreu apenas pelas transformações nas coordenadas geopolíticas internacionais.

A partir de então, passou-se a pensar essa conjunção entre a psicanálise e a democracia, no campo da relação básica entre psicanálise e política, considerando-se os *desdobramentos* decisivos do *método da livre associação*,[1] concebido por Freud desde o início histórico da psicanálise, como imperativo crucial para o estabelecimento do *dispositivo psicanalítico* e como *signo fundamental* da clínica. No entanto, esse pressuposto fundamental remete aos da ordem democrática plena, geral e irrestrita.

Com efeito, não poderia existir uma prática clínica fundada na livre associação sem a existência plena da democracia, pois, nos totalitarismos políticos, a psicanálise seria inviabilizada pela censura, uma vez que não permitiria ao sujeito o exercício do *livre pensar* nem a *liberdade de dizer tudo o que lhe vem ao espírito*.

Além disso, com a queda do socialismo real e da cortina de ferro, ocasionados pela dissolução da União Soviética e pelo encerramento do Pacto de Varsóvia, a psicanálise passou a se disseminar na Rússia e nos países da Europa Oriental por iniciativas da International Psychoanalytical Association e dos movimentos lacanianos que disputaram a hegemonia das novas fronteiras geopolíticas da psicanálise.

Não se pode esquecer ainda que a derrocada do socialismo real promoveu o silenciamento do discurso marxista em escala global, de modo que a categoria de luta de classe foi silenciada e substituída pelas lutas identitárias

---

[1] Freud, S. *La techinique psychanalytique (1905–1918)*. Paris, PUF, 1972. Freud, S. *L'interprétation des rêves* (1900). Cap. VII. Paris, PUF, 1976.

em todo o globo, nos registros do gênero, da etnia, da raça e do sexo.

A leitura psicanalítica das formações sociais e culturais, inclusive do registro da política, começou a ser enunciada no discurso freudiano bem precocemente, em 1908, no ensaio intitulado "A moral sexual 'civilizada' e a doença nervosa moderna",[2] no qual Freud introduziu no campo psicanalítico a problemática do *mal-estar na civilização*. Entretanto, para que fique ainda mais explícita a *transformação* ocorrida na história do movimento psicanalítico, nos tempos de Freud e nos tempos pós-freudianos, no que concerne à leitura das formações sociais e culturais no campo psicanalítico, é preciso evocar a seguinte passagem no livro de Paul A. Robinson sobre a *esquerda freudiana*, na parte inicial de seu terceiro capítulo dedicado a Herbert Marcuse:

> A tradição radical em Psicanálise tem representado uma escola distintamente minoritária de interpretação, operando na periferia do estabelecimento conservador freudiano. Reich foi oficialmente excluído da Associação Psicanalítica Internacional e Roheim, embora permanecesse leal a Freud, só pôde dedicar-se ao seu criticismo radical na disciplina aliada da Antropologia no decurso da década de 1940, quando a psicanálise perdera já o impacto da novidade e a comunidade intelectual europeia e norte-americana chegaria a um acordo substancial

---

[2] *Idem*. "La morale sexuelle 'civilisée' et la maladie nerveuse des temps modernes" (1908). In: Freud, S. *La vie sexuelle*. Paris, PUF, 1973.

sobre o caráter fundamentalmente conservador da teoria freudiana. Além disso, esse consenso justificadamente se legitimava em virtude da técnica, exclusivamente clínica, direção em que o movimento psicanalítico se desenvolveria. A Psicanálise se convertera num ramo da profissão médica e o típico psicanalista profissional distinguia igualmente os preceitos e técnicas de sua ciência e prática terapêutica das aventuras meta-históricas a que Freud se entregara com deleite.[3]

Esse fragmento formula de maneira enfática a existência de uma *ruptura* histórica, epistemológica e política no *campo psicanalítico*, ocorrida nos anos 1950, quando a psicanálise freudiana se *restringiu* a ser apenas uma "clínica", se *medicalizando* e *se normalizando* desde então, de forma a se afastar decididamente das "aventuras meta-históricas" realizadas pelo discurso freudiano durante o seu percurso histórico e teórico.

Tais aventuras ditas "meta-históricas" evidenciam as *múltiplas leituras* realizadas pelo discurso freudiano das formações sociais, culturais e política; esta última completamente recalcada pelo movimento psicanalítico posterior, como temos insistido desde o início deste livro. Enfim, foi pela construção teórica e ética da problemática do mal-estar na civilização no interior do campo psicanalítico que Freud começou a empreender a leitura das formações sociais, culturais e políticas numa perspectiva psicanalítica, como veremos agora, de modo sistemático.

---

[3] Robinson, P. *A esquerda freudiana. Wilhelm Reich, Geza Roheim, Herbert Marcuse.* Rio de Janeiro, Civilização Brasileira, 1971, p. 116.

6. Mal-estar

A problemática do mal-estar na civilização foi introduzida no discurso psicanalítico desde os primórdios do discurso freudiano, em 1908, como destaquei, e não no seu final, em 1930, com a publicação do ensaio O *mal-estar na civilização*,[1] como pensaram muitos incautos na psicanálise e mesmo certos intérpretes. Com efeito, no ensaio inicial intitulado "Moral sexual 'civilizada' e a doença nervosa moderna",[2] Freud introduziu plenamente a leitura teórica desta problemática no discurso psicanalítico.

Se enfatizo aqui essa introdução rigorosa do *tema* e do *problema* do mal-estar no discurso freudiano, é para enunciar que esse tema/problema é fundamental na construção da teoria psicanalítica, pois atravessa e permeia o percurso freudiano como um todo, do início ao fim. Isso, contudo, não implica dizer que a problematização empreendida pelo discurso freudiano do mal-estar, nos primórdios e posteriormente no seu percurso, tenha sido a mesma, como ainda veremos ao longo deste capítulo.

---

[1] Freud, S. *Malaise dans civilisation* (1930). Paris, PUF, 1971.
[2] *Idem*. "La morale sexuelle 'civilisée' et les maladies nerveuses des temps modernes" (1908). In: Freud, S. *La vie sexuelle*. Paris, PUF, 1973.

De qualquer modo, também fica claro que a alusão à "civilização" destacada em ambos os ensaios não se refere à *civilização* no seu sentido estrito, como oposta à *barbárie*, enunciada no início do século xix; o que está em pauta é a existência da civilização na *modernidade*. Portanto, foi a problemática da moral sexual na modernidade que o discurso freudiano pretendeu problematizar ao longo do primeiro e do segundo ensaios, pois o título do primeiro já enuncia a questão da *doença nervosa na modernidade*. Enfim, a modernidade enquanto tal é o que estaria em pauta.[3]

No primeiro ensaio, Freud procurou caracterizar o incremento indiscutível das doenças nervosas na modernidade, como todos os representantes dos campos psiquiátrico e neurológico de então reconheceram de maneira devida. Contudo, o que vai se colocar como novidade, diferentemente dos especialistas do campo da medicina, da neurologia e da psiquiatria, é a maneira como Freud vai enunciar uma *interpretação original* do dito mal-estar.

Com efeito, enquanto os psiquiatras, a neurologia e a medicina vão enfatizar o crescimento da *taxa da incidência* (*epidemiológica*) das doenças nervosas em conjunção com as transformações que a modernidade produziu na experiência do *tempo*, com a *aceleração* deste nas *atividades laborais* e *sociais* – a aceleração das práticas de vida –, para Freud, em contrapartida, o que estaria em questão fundamentalmente seria a constituição daquilo que denominou de *moral sexual civilizada*.[4]

---

[3] *Ibidem.*
[4] *Ibidem.*

Na perspectiva do discurso freudiano, a moral sexual civilizada seria a construção de uma *moral sexual restrita e restritiva*, em que a sexualidade deveria ser objeto de *repressão*, a serviço apenas da *reprodução da espécie*, do registro do *casamento* e da *monogamia*.[5] Portanto, o discurso freudiano empreendeu nesse ensaio a retomada crítica da *genealogia da moral*, mas de maneira diferente do que foi realizado anteriormente por Nietzsche,[6] concentrando-se no registro estrito da *sexualidade*.[7] Seria em decorrência disso que os jovens em geral, tanto os homens quanto as mulheres, ao não poderem realizar os seus desejos eróticos de forma direta, acabariam por se voltar para a *masturbação* sistemática (sobretudo os homens), o que acabaria resultando, no futuro, na *ejaculação precoce* nos homens e na *inibição sexual* feminina.[8]

Portanto, a clínica das neuroses atuais (neurastenia e neurose da angústia) e das psiconeuroses (histeria, neurose obsessiva-compulsiva e psicose alucinatória) seria constitutiva do campo das "doenças nervosas da modernidade", tal como Freud conseguiu sistematizar nos "Estudos sobre a histeria", escrito em colaboração com Breuer, no capítulo escrito pelo primeiro, intitulado "Psicoterapia da histeria".[9]

Desde os anos 1890, o discurso freudiano já colocava em destaque a dimensão sexual presente na etiologia

---

[5] *Ibidem*.
[6] Nietzsche, F. *Généalogie de la morale*. Paris, Gallimard, 1971.
[7] Freud, S. "La morale sexuelle 'civilisée' et la maladie nerveuse des temps modernes" (1908). *Op. cit*.
[8] *Ibidem*.
[9] Breuer, F; Freud, S. *Études sur l'hystérie*. Paris, PUF, 1971.

da neurastenia, concebida inicialmente pela psiquiatria estadunidense com George Beard, numa perspectiva da aceleração das atividades e do tempo no mundo moderno, e na *neurose de angústia*. Desse modo, de fato, se a neurastenia seria o efeito destacado do excesso de masturbação, que consumiria a *potência vital* do sujeito, a neurose da angústia seria a resultante e a produção sintomática da inibição do orgasmo.[10]

Em conexão com essa descrição freudiana no fim do século xix, Michel Foucault demonstrou, no curso sobre os anormais, no Collège de France, nos anos 1970, como a *regulação* e o *controle* da masturbação infantil, observada no século xviii, na cruzada contra a masturbação nos lares da burguesia europeia, teve o efeito de promover a *medicalização da masturbação*, que anteriormente era apenas um *pecado moral*, enunciado pelo Antigo Testamento como o crime de Onan. Dessa forma, o onanismo como enfermidade seria não apenas de ordem somática mental, mas também uma causa específica de todas as demais enfermidades ditas graves reconhecidas pela medicina somática.[11]

Portanto, a estruturação teórica e clínica realizada pelo discurso freudiano, no final do século xix, sobre as neuroses em voga e suas relações íntimas com as psiconeuroses foi o *efeito* na história da longa duração das práticas de controle sexual da masturbação infantil iniciadas no século xviii, colocada em evidência pela leitura genea-

---

[10] *Ibidem*.
[11] Foucault, M. *Les anormaux*. Paris, Gallimard/Seuil, 1999.

lógica de Foucault do registro da sexualidade.[12] Dessa maneira, o discurso freudiano teve o indiscutível mérito histórico de colocar em evidência as *transformações morais* ocorridas no campo da sexualidade no Ocidente, no registro histórico da modernidade – enunciando a produção específica das problemáticas do *mal-estar na modernidade* e o incremento correlato das denominadas *doenças nervosas*. Por outro lado, o discurso genealógico de Foucault enunciou como o processo de *normalização* da sexualidade constitutiva da *ciência do sexual (sexologia)*[13] estaria no fundamento das transformações clínicas e morais enunciadas por Freud no discurso psicanalítico inicial.

Ao mesmo tempo, existiria uma relação fundamental entre o campo das neuroses atuais de então e o campo das psiconeuroses, pois a neurose atual estaria sempre no início de toda e qualquer psiconeurose. Assim, se a *neurose da angústia* seria a neurose atual da *histeria*, a *neurastenia* seria a neurose atual da neurose obsessiva-compulsiva.[14] Posteriormente, no ensaio intitulado "Introdução ao narcisismo", publicado em 1914, Freud enunciou finalmente que a *hipocondria* seria a neurose atual da *psicose*.[15]

---

[12] Idem. *Histoire de sexualité*, I: *La volonté de savoir*. Paris, Gallimard, 1976.
[13] *Ibidem*.
[14] Freud, S. "La psychothérapie de l'hystérie" (1895). In: Freud, S., Breuer, J. *Études sur l'hystérie*. Paris, PUF, 1971.
[15] Idem. "Pour introduire le narcissisme" (1914). In: Freud, S. *La vie sexuelle*. Paris, PUF, 1973.

7. Impasses da sublimação

Em "A moral sexual 'civilizada' e a doença nervosa moderna", de 1908, o discurso freudiano introduziu o conceito de *sublimação* em psicanálise, identificado com o conceito de *recalque sexual*.[1] Com efeito, a dita moral sexual civilizada seria o desdobramento e a consequência da sublimação e do recalque da sexualidade, com todos os seus efeitos nefastos, e por isso proporcionaria, como vimos, as "doenças nervosas dos tempos modernos".

Assim, se a sublimação implicaria na *dessexualização da pulsão sexual*, com a manutenção do mesmo *objeto*,[2] a formulação desse conceito seria *paradoxal*, pois, em vez de promover *positivamente* a *civilidade*, produziria justamente o seu *oposto* e *contrário*, a saber, a *negatividade* dos efeitos subjetivos sob a forma de sintomas neuróticos e de inibição psíquica.

O discurso freudiano critica esse conceito de sublimação enunciando logo em seguida, em 1910, no ensaio

---

[1] Freud, S. "La morale sexuelle 'civilisée' et les maladies nerveuses des temps modernes" (1908). In: Freud, S. *La vie sexuelle*. Paris, PUF, 1973.
[2] *Ibidem*.

sobre Leonardo da Vinci,[3] que a pulsão parcial (perversa-
-polimorfa) se transformaria diretamente em sublimação,
sem ser regulada pela mediação do recalque/dessexuali-
zação da pulsão sexual.

Nessa perspectiva, no ensaio inicial da *Metapsicologia*,
intitulado "As pulsões e seus destinos", publicado em
1915, a operação psíquica da sublimação não se confun-
diria mais com o recalque e a dessexualização da força
pulsional. Nesse contexto, a sublimação se constituiria
após o recalque, com a suspensão deste, e implicaria também o retorno do recalcado, isto é, a suspensão da dessexualização da pulsão sexual.

Com efeito, na genealogia dos destinos da força pulsional no ensaio em pauta, o discurso freudiano concebe a
seriação lógica e *histórica* dos diferentes destinos da força
pulsional, de maneira que a sublimação se forjaria apenas
após o recalque.[4] A sublimação passa, então, a não ser
identificada com o recalque, de forma que o "mal-estar
na modernidade" deixe de ser relacionado ao recalque/
sublimação da pulsão sexual, como foi inicialmente su-
posto no ensaio de 1908 "Moral sexual 'civilizada' e a
doença nervosa na modernidade".[5]

Assim, não seria mais a sexualidade o que promoveria
as "doenças modernas", mas ocorreria a livre disseminação e a expressão da *sexualidade perverso-polimorfa*

---

[3] *Idem. Un souvenir d'enfance de Léonard de Vinci* (1910). Paris, Gallimard, 1985.

[4] *Idem.* "Pulsions et destins des pulsions". In: Freud, S. *Metapsychologie* (1915). Paris, Gallimard, 1968.

[5] *Idem.* "La morale sexuelle 'civilisée' et les maladies nerveuses des temps modernes" (1908). *Op. cit.*

(*sexualidade infantil*).⁶ Nesse contexto, o discurso freudiano assume uma perspectiva efetivamente da pansexualidade, não obstante a denegação de Freud em aceitar tal designação, uma vez que a sexualidade estaria em toda parte no aparelho psíquico.

Não foi por acaso que o discurso freudiano deixou de se pautar pelo *dualismo pulsional* que enunciou desde os *Três ensaios sobre a teoria da sexualidade*, trabalho no qual opunha a pulsão sexual e a pulsão de autoconservação, de forma que a *libido* como energia psíquica se antagonizava ao *interesse*.⁷ Presumiu, em contrapartida, desde 1914, o *monismo* pulsional, ao enunciar, em "Introdução ao narcisismo", que a *pulsão do eu* seria sexualizada como a libido dirigida ao objeto, de modo a opor então a *libido do eu* e a *libido de objeto* como *balança energética no psiquismo*, que funcionaria dinamicamente.⁸

Portanto, nesse contexto teórico do discurso freudiano, o mal-estar na modernidade poderia ser superado desde que se permitisse ao sujeito o seu livre desempenho da sexualidade perverso-polimorfa, a partir da experiência psicanalítica, uma vez que, com essa, as formações sintomáticas seriam sistematicamente desconstruídas pela disseminação da sexualidade.

Entretanto, com a publicação, em 1920, do ensaio "Além do princípio do prazer", o discurso freudiano res-

---

⁶ Idem. *Trois essais sur la théorie de la sexualité* (1905). Paris, Gallimard, 1962.
⁷ *Ibidem*.
⁸ Idem. "Pour introduire le narcissisme" (1914). In: Freud, S. *La vie sexuelle*. Paris, PUF, 1973.

taurou o *dualismo* pulsional em psicanálise pela oposição entre *pulsão de vida* e *pulsão de morte*, isto é, entre *Eros* e *Tanatos*.[9] Se nesse contexto a pulsão da vida seria norteada pela estratégia da *união* e da *conjunção*, a pulsão de morte, em contrapartida, seria norteada pela *desunião* e pela *fragmentação*.[10]

Em consequência, o discurso freudiano colocou em questão a dimensão originária do *princípio do prazer* como foi estabelecida inicialmente no "Projeto para uma psicologia científica" (1895)[11] e "A interpretação dos sonhos" (1900),[12] ao enunciar a existência de um *além do princípio do prazer*, ou *princípio do Nirvana*, em 1924, no ensaio "O problema econômico do masoquismo".[13]

O conceito de sublimação não se oporia mais à sexualidade, como vimos, mas também se realizaria, além disso, pela produção de um novo objeto de investimento libidinal, como o discurso freudiano enunciou definitiva e posteriormente no capítulo sobre as pulsões, de "Novas conferências introdutórias sobre a psicanálise", publicado em 1934.[14] Se destaco, porém, todos esses pontos,

---

[9] *Idem*. "Au-delà du principe du plaisir" (1920). In: Freud, S. *Essais de psychanalyse*. Paris, Payot, 1999.
[10] *Ibidem*.
[11] *Idem*. "Esquisse d'une psychologie scientifique" (1895). In: Freud, S. *La naissance de la psychanalyse*. Paris, PUF, 1973.
[12] *Idem*. *L'interprétation des rêves* (1900). Cap. VII. Paris, PUF, 1976.
[13] *Idem*. "Le problème économique du masochisme" (1924). In: Freud, S. *Névrose, psychose, perversión*, Paris, PUF, 1973.
[14] *Idem*. *Nouvelles conférences sur la psychanalyse* (1933). Paris, Gallimard, 1936.

é para afirmar a construção de outro discurso teórico e outra problematização sobre o mal-estar, na obra de 1930, intitulada justamente *O mal-estar na civilização*,[15] como veremos no capítulo que se segue, no qual aquele se norteia pela oposição entre Eros e Tanatos.

---

[15] Idem. *Malaise dans la civilisation* (1930). Paris, PUF, 1971.

8. Mal-estar, supereu e pulsão de morte

Em *O mal-estar na civilização,* Freud propõe uma leitura radicalmente oposta à enunciada em "A moral sexual 'civilizada' e a doença nervosa na modernidade". Nesta, o *mal-estar* tinha como pressuposto o recalque das pulsões sexuais, pela mediação da "moral sexual civilizada", diferentemente do enunciado no primeiro ensaio, que colocava em pauta a oposição entre os registros da pulsão de vida e da pulsão de morte.[1] A *disjunção* entre a *força pulsional* e o *objeto,* com essa *desintricação* pulsional, promoveria então o mal-estar na modernidade.[2]

No entanto, a operação da desintricação pulsional transformaria a pulsão de morte em *pulsão de destruição,* que se manifestaria sob a forma da *agressividade* e da *violência*. Portanto, a pulsão de destruição se produziria sob a forma de *expulsão da pulsão de morte do aparelho psíquico,* de forma que a violência e a agressividade dirigidas ao Outro seriam empreendidas justamente para impedir a morte do sujeito, e a ação de expulsão seria produzida pela pulsão de vida, conforme o discurso

---

[1] S. Freud. *Malaise dans la civilisation* (1930). Paris, PUF, 1971.
[2] *Ibidem.*

freudiano enunciou de modo condensado e conciso, como um mito originário, no ensaio "O problema econômico do masoquismo".[3] O que implica dizer que, de maneira *paradoxal*, o sujeito promove e dissemina a violência e a agressividade dirigidas ao Outro – modalidades diversas da pulsão de destruição – como forma de sustentar a ordem e o imperativo da vida contra a morte, embora isso tenha como efeito a disseminação da dor do Outro como rastilho explosivo de pólvora.[4]

Nesse contexto teórico, o discurso freudiano inverte as relações anteriormente estabelecidas entre os registros pulsionais do *masoquismo* e do *sadismo*, pois, desde o ensaio "O problema econômico do masoquismo", o masoquismo seria primordial e o sadismo seria produzido por *derivação*, pela repulsão da pulsão de destruição.[5] No início do percurso freudiano, nos *Três ensaios sobre a teoria da sexualidade*, em contrapartida, o sadismo seria primordial em relação ao masoquismo, uma vez que seria a culpa do sujeito ao produzir a dor do Outro o que promoveria esse movimento norteado pela *autopunição*.[6]

De tudo isso podemos depreender facilmente como o discurso freudiano passou a se nortear, nesse novo contexto teórico, pelo discurso biológico de Xavier Bichat, que tinha como modelo epistemológico para conceber a oposição entre a pulsão de vida e a de morte a ideia de

---

[3] *Idem*, S. "Le problème economique du masochisme" (1924). In: Freud, S. *Névrose, psychose et perversion*. Paris, PUF, 1973.
[4] *Ibidem*.
[5] *Ibidem*.
[6] *Idem*. *Trois essais sur la théorie de la sexualité* (1905). Paris, Gallimard, 1962.

que "a vida seria o conjunto de forças que lutam contra a morte".[7]

No entanto, Freud enunciou a sua formulação tendo como base a biologia (fisiologia) de Claude Bernard, presente na sua obra não publicada "Projeto para uma psicologia científica"[8] e em *A interpretação dos sonhos*,[9] em que a morte ocorreria apenas *após* a vida, pois, no contexto teórico de então, a morte e a vida estariam presentes o tempo todo no psiquismo, sob a forma de conflito interminável entre suas respectivas pulsões. Estaria enunciado, enfim, o que promoveria o dito mal-estar na modernidade.

Contudo, o discurso freudiano colocou também no primeiro plano de toda essa nova problematização teórica o *lugar estratégico* do supereu na produção do mal-estar na modernidade. Com efeito, não seria a sexualidade e Eros o que promoveria essa experiência,[10] mas o imperativo psíquico da pulsão de morte, sob a forma do imperativo do supereu no aparelho psíquico.

Desde o ensaio de 1923, intitulado de "O eu e o isso", Freud enunciou a leitura estrutural na psicanálise, na qual os registros do *isso*, do *eu* e do *supereu* seriam os efeitos e as instâncias da *divisão psíquica* e do *conflito psíquico*.[11] Assim, enunciou que o registro psíquico do

---

[7] *Ibidem*.
[8] *Idem*. "Esquisse d'une psychologie scientifique" (1895). In: *La naissance de la psychanalyse*. Paris, PUF, 1973.
[9] *Idem. L'interprétation des rêves* (1900). Paris, PUF, 1976.
[10] *Idem. Malaise dans la civilisation* (1930). *Op. cit.*
[11] *Idem*. "Le moi et le ça" (1923). In: Freud, S. *Essais de psychanalyse*. Paris, Payot, 1981.

supereu seria um caldo de cultura, no sentido bacteriológico do termo, da pulsão de morte, que se manifestaria de maneira mais eloquente no registro da clínica na *neurose obsessiva-compulsiva* e na *melancolia*, respectivamente.

Nesse novo contexto teórico do mal-estar na modernidade, o sujeito seria levado a suspender o *gozo* e o *prazer erótico* em nome da *perda do amor do Outro*, de forma que, para mantê-lo, o sujeito renuncia ao imperativo erótico. Seria por esse viés, então, que o supereu submeteria o sujeito à devastação psíquica sistemática, que atingiria o seu apogeu na neurose obsessiva-compulsiva e na melancolia, em que a pulsão de morte se disseminaria ou se precipitaria no registro do supereu, que se avolumaria no aparelho psíquico. Dessa maneira, o mal-estar na modernidade se delinearia de corpo inteiro, pela injunção mortífera do supereu, na nova leitura permeada pelo discurso freudiano.

O que vamos desenvolver em seguida é como essa *dupla leitura do mal-estar moderno*, apresentada no discurso freudiano em 1908 e 1930, respectivamente, vai incidir na leitura sobre a política enunciada em tal discurso, nas suas relações fundamentais com a problemática da guerra.

9. Universalidade da interdição de matar

Em decorrência do primeiro paradigma teórico sobre o mal-estar, o discurso freudiano enunciava de forma decisiva que a guerra, como acontecimento crucial que marcou a história humana desde os seus primórdios, tenha sido definitivamente superada no Ocidente pelo estabelecimento daquilo que Immanuel Kant, no final do século XVIII, denominou *Paz Perpétua*. Com efeito, a filosofia kantiana da história, que sucedeu as suas três *Críticas (da razão pura, da razão prática* e *do juízo)*, indicou que, com a constituição da *maioridade da razão* e o advento correlato do Iluminismo ao final do século XVIII, a guerra desapareceria definitivamente do cenário internacional e civilizatório, de modo que, em consequência, a Paz Perpétua se instituiria de maneira ampla, geral e irrestrita na geopolítica internacional.[1]

Em seguida, com o Pacto de Viena – estabelecido em 1815 para selar a paz entre os países europeus após os efeitos catastróficos promovidos pelas guerras napoleônicas –, constituiu-se no imaginário europeu durante

---

[1] Kant, E. "Vers la paix perpétuelle". In: Kant, E. *Vers la paix Perpétuelle: Que signifie sorienter dans la pensée?, quest-ce que les lumières? et autres textes*. Paris, Flammarion, 1981.

cem anos a *ilusão* de que a guerra teria sido erradicada do Ocidente e a Paz Perpétua, então, definitivamente instituída.

Freud acreditou efetivamente nessa ilusão compartilhada e problematizou a questão da guerra, em 1913, no capítulo IV de *Totem e tabu*,[2] enunciando, então, a sua versão mítica e metapsicológica da Paz Perpétua. O discurso freudiano procurou abordar o tema da guerra numa perspectiva *universal*, retomando os contornos sociais, políticos e históricos que balizaram tal questão, pela formulação do sexto mandamento bíblico: "Não matarás."[3]

Por quais caminhos e opções teóricas o discurso freudiano construiu essa hipótese? Antes de tudo, o discurso freudiano supunha que o sujeito não transgrediria a interdição de matar, uma vez que tal transgressão seria definitivamente a fonte de *culpa* para o sujeito, como tinha enunciado anteriormente, em 1906, num pequeno ensaio sobre o crime e a utilização do método psicanalítico com fins judiciários.[4] Contudo, essa era uma perspectiva universalista de interpretação, pois a constituição da *civilização* propriamente dita teria sido a resultante de um crime primordial, objeto de *interdição* e *punição* posterior, pelo estabelecimento do preceito bíblico "Não matarás".[5]

---

[2] Freud, S. *Totem et tabou* (1913). Paris, Payot, 1975.
[3] *Ibidem*.
[4] *Idem*. "La psychanalyse et l'établissement des faits en matière judiciaire par une méthode diagnostique" (1906). In: Freud, S. *Essais de psychanalyse appliqué*. Paris, Gallimard, 1933.
[5] *Idem. Totem et tabou* (1913). *Op. cit.*

Para isso, Freud retomou o *mito da horda primitiva*, apresentado inicialmente por Charles Darwin, e conferiu a ele uma consequência psicanalítica de alcance universal.[6] Freud empreendeu, assim, a *leitura genealógica* da horda primitiva de Darwin numa perspectiva ética e psicanalítica, concebendo a fundação da *civilidade* na interdição da culpa oriunda ao crime primordial. Segundo esse conceito darwiniano, teria existido um símio muito forte e poderoso que detinha o *poder* (absoluto) sobre os seus descendentes, ao ameaçar *de morte* quem perseguisse e ousasse estabelecer relações sexuais com as fêmeas da horda primitiva.

Como era muito grande a *disparidade de forças* entre o dito símio e seus descendentes, como revelavam as mortes perpetradas, estes não ousariam desafiá-lo. Contudo, os descendentes descobriram posteriormente que, se eram fracos isoladamente, o que os impedia de desafiar o onipotente símio chefe devido ao risco de morte, poderiam ser mais fortes se somassem as suas parcas forças para matá-lo de forma impiedosa, como ele fazia de modo absoluto em cada desafio realizado por esses descendentes.

Assim, miticamente, os descendentes usaram suas forças de forma *coletiva*, decidindo matar o pai com violência, para conquistar a sua *liberdade* e sair do jugo em que viviam, podendo aceder ao campo erótico das fêmeas da horda primitiva. Porém, como a relação com o símio chefe era modelada pela *ambivalência* afetiva, nutrindo tanto *ódio* quanto *amor* pelos seus descendentes,

---

[6] *Ibidem.*

a realização do crime primordial se transformou numa experiência de *culpa* fundamental pelos descendentes.

Com isso, constituiu-se uma relação genealógica de *filiação* entre os descendentes, de modo que o símio chefe foi transformado em *pai primordial* e aqueles em *filhos*. Para selar esse pacto, o *totem* passou a representar a figura do *pai morto*, para constituir uma ritualização dos filhos em relação ao pai (originário) morto, que passou a cadenciar a existência civilizatória desde então.

Estabeleceu-se dessa maneira o *pacto civilizatório* entre os irmãos, fundado no imperativo bíblico "Não matarás", de forma que, na nova ordem social instituída, quem resolvesse repetir a posição (*onipotente*) do símio chefe seria levado à morte, pois era imperativo manter a condição de igualdade dos irmãos em relação ao gozo (erótico) e à aquisição de bens. Portanto, segundo essa leitura mítica de Freud da interdição de matar, esta seria a marca universal de condição humana, e remeteria ao crime primordial, ato inaugural do pacto civilizatório propriamente dito.

10. Sujeito, culpa e masoquismo na interlocução entre Freud e Rousseau

Desde a sua publicação, a leitura freudiana sobre as origens da civilização em *Totem e tabu*, fundada no crime primordial dos filhos contra o pai e a culpa disso derivada, foi interpretada como um *romance freudiano* (psicanalítico) da *constituição da civilização*. Roger Bastide restaurou o arquivo dessa recepção crítica do discurso da antropologia social sobre a psicanálise numa obra importante dos anos 1960, intitulada *Sociologia e psicanálise*.[1] Por outro lado, em 1949, em *As estruturas elementares do parentesco*, Lévi-Strauss valorizou devidamente a *dimensão mítica* de Freud em *Totem e tabu*, assim como aproximou a tese freudiana da *interdição do matar* da noção também freudiana e antropológica da *interdição do incesto*, como fundamento da ordem civilizatória e social.[2]

No entanto, todos esses *enunciados*, na sua *literalidade*, remetem também à *enunciação*[3] presente no

---

[1] Bastide, R. *Sociologie et psychanalyse*. Paris, PUF, 1968.
[2] Lévi-Strauss, C. *Les structures élémentaires de la parenté* (1949). Paris, Mounton, 1969.
[3] Lacan, J. "Fonction et champ de la parole et du langage en psychanalyse". In: Lacan, J. *Écrits*. Paris, Seuil, 1966.

discurso freudiano, a saber, uma *leitura genealógica da modernidade* pela *morte* sangrenta por decapitação da *figura do rei* (*poder absoluto*) realizada no contexto histórico-social da Revolução Francesa. Vale dizer, a morte violenta da figura do pai originário pelos filhos em revolta remeteria à dissolução do poder absoluto perpetrada na Revolução Francesa, com a representação trágica da cabeça guilhotinada do rei. Atualizando a mitologia freudiana, o advento da modernidade ocidental teria ocorrido pela instauração da *República* e da *ordem fraternal* entre os *cidadãos*, e a *liberdade*, a *igualdade* e a *fraternidade* seriam, assim, a partir de então e de forma indiscutível, um modelo político para a construção e manutenção dos laços sociais na modernidade.

Segundo Claude Lefort, o advento da modernidade política, com a emergência histórica e social da Revolução Francesa, e com a constituição da República no final do século XVIII, destacou e desconstruiu, simultaneamente, a existência da ordem social fundada na figura do *um*: uma outra ordem social teria sido fundada na figura do *múltiplo*. Assim, a ordem social centrada na *verticalidade*, modulada pela figura do rei, se deslocou vertiginosamente para o registro da horizontalidade, inserida pela multiplicidade dos laços sociais estabelecidos pelos cidadãos.[4]

Ainda segundo Claude Leffort, na obra *Pensando o político: ensaios sobre a democracia*, a figura do rei morto e decapitado perde a centralidade que ocupava no espaço

---

[4] Lefort, C. *Essais sur le politique – XIXe – XXe siècles*. Paris, Seuil, 1986.

social pré-moderno, no qual era onipotente. Porém, essa figura do rei permanece no espaço virtual (inconsciente) da ordem social, de forma que historicamente ela pode ser *reativada* e colocada no *primeiro plano da cena social*, se a gestão horizontal dos laços sociais nessa ordem entrar em crise radical, sem mais funcionar. Enfim, o autoritarismo vertical do *um* seria restaurado com toda a sua pompa, e a invenção democrática como marca eloquente da modernidade no registro político seria então desconstruída.

Com efeito, para Lefort, o *fascismo*, o *nazismo* e o *stalinismo* são regimes políticos autoritários e verticais, resultantes da reativação posterior da figura do rei morto, quando o regime republicano se encontrou em impasses importantes. Em consequência, a ordem da República fundada no múltiplo seria derrubada e substituída pela ordem do um, assim como o regime social da horizontalidade seria apagado com a restauração da verticalidade. Enfim, nesses três *registros históricos* citados, o *autoritarismo* se oporia à invenção *democrática* (moderna), buscando instituir a referência do múltiplo como fundamento da ordem social à política moderna.

Porém, é preciso colocar também em destaque como Freud, em *Totem e tabu*, retomou o discurso da filosofia política de Jean-Jacques Rousseau, articulando-o com o imperativo antropológico da *piedade*, desde os *Três ensaios sobre a teoria da sexualidade*.[5] Nessa obra, o

---

[5] Freud, S. *Trois essais sur la théorie de la sexualité* (1905). Paris, Gallimard, 1962.

discurso freudiano trouxe para primeiro plano a maneira como a originária imposição libidinal e gozosa pelo infante do seu poder sobre o objeto seria posteriormente a fonte de culpa para si, de forma que, na nova operação psíquica subsequente do *retorno da pulsão sobre si próprio*, a *pulsão sádica* (originária) se transformaria então em *pulsão masoquista* (derivada). Contudo, é preciso destacar que essa transformação do sujeito do sadismo em sujeito do masoquismo seria norteada pela *culpa*, decorrente do imperativo inicial de domínio (violento) sobre o objeto, que lhe machucaria no seu ímpeto libidinal.

Portanto, podemos afirmar que o discurso freudiano já havia retomado a leitura de Rousseau no ensaio *Discurso sobre a origem e os fundamentos da desigualdade entre os homens*,[6] no qual o filósofo, ao delinear o cenário originário de conflito violento entre os homens, enuncia que o sujeito recua de sua violência originária face ao Outro pela operação antropológica da *piedade*. Com efeito, a piedade nesse discurso seria o equivalente à culpa no discurso teórico de Freud, de modo que, com isso, o sadismo originário se transformaria então em masoquismo, constituinte do inconsciente.

Após essa operação teórica da apropriação do conceito de Rousseau, inscrito entre a filosofia política e a antropologia, Freud disseminou e inscreveu essa tese fundamental em *Totem e tabu*, formulando, assim, a universalidade

---

[6] Rousseau, J. J. *Discours sur l'orugin ey les fondements da la inegalité parmi les hommes*. Paris, Aubier Montaigne, 1971.

da interdição de matar, como vimos.⁷ Contudo, essa tese inicial do discurso freudiano não vai se sustentar, como veremos em seguida, uma vez que Freud começou a aquilatar o alcance e a extensão do desejo de matar no contexto sangrento da Primeira Guerra Mundial.

---

[7] Freud, S. *Totem et tabou* (1913). Paris, Payot, 1975. Rousseau, J. J. *Discours sur l'origine et les fondements de l'inegalité parmi les hommes*. Paris, Aubier Montaigne, 1971.

11. Guerra total

A eclosão da Primeira Guerra Mundial teve como um dos seus efeitos cruciais a *ruptura* com muitas das *certezas* estabelecidas e instituídas desde a primeira metade do século xix na Europa. A mais importante, dentre todas essas, foi a quebra da certeza da Paz Perpétua, formulada, como vimos anteriormente, pela filosofia da história de Immanuel Kant no final do século xviii e sacramentada como política do continente europeu desde o fim das guerras napoleônicas.

Em consequência, a guerra mundial em pauta se empreendeu com um novo *estilo* de violência e crueldade, surpreendendo a todos que ainda acreditavam que nunca mais ocorreriam guerras como outrora. Contudo, não apenas aconteceu essa guerra sangrenta como a sua escala de violência se revelou inimaginável, resultando em milhares de mortos. Entre os expostos ao grande e tenebroso massacre não estavam unicamente os combatentes dos exércitos regulares, mas também os membros da população civil, como as mulheres, as crianças e os idosos.

Assim, a eclosão da Primeira Guerra Mundial instituiu *outro paradigma de guerra*, até então inexistente na história humana, a saber, a *guerra total*.[1] Se até então as guerras se pautavam nos confrontos estabelecidos pelos combatentes, inseridos nas Forças Armadas, nesse dado momento, em contrapartida, o confronto entre as nações passou a implicar toda a nação, em todas as suas dimensões. Cada lado do conflito queria destruir o rival inteiramente, destronando não apenas seus exércitos e suas reservas de armamento, mas também a sua sociedade civil, de modo que a sociedade, como um todo, deveria ser o alvo dos esforços de guerra e dos combates sangrentos.

Nesse contexto, a destruição da economia do inimigo era também fundamental para o sucesso militar e político da guerra, fosse para impossibilitar o inimigo de guerrear e combater pelo corte de suas bases (econômicas) materiais, fosse para incidir simbolicamente na moral do inimigo, pela morte de familiares e de seus descendentes. Ao lado disso, os ataques ao inimigo se norteavam também pela violação dos corpos de suas mulheres, jovens ou não, para fragilizar ainda mais o moral e a espinha dorsal simbólica do inimigo.

No imaginário literário, a carnificina da Guerra Total, iniciada com a Primeira Guerra Mundial, foi representada de forma brilhante no romance de Erich Marie Remarque *Nada de novo no front* (1929), cuja adaptação para o cinema foi premiada no Oscar de 2023, na categoria de Melhor Filme Internacional. A crueza da guerra foi devidamente representada de maneira eloquente nessa

---

[1] Alliez, E; Lazzarato, M. *Guerras e capital*. São Paulo, Ubu, 2020.

narrativa literária.² A primeira versão cinematográfica dessa obra, de 1930, já havia sido igualmente premiada pelo Oscar.

Como contraponto a essa crueldade generalizada, o romancista Thomas Mann criou o romance *A montanha mágica*, no contexto da Primeira Guerra Mundial, no qual, diante da barbárie e da carnificina da guerra que ocorria nas planícies europeias, as elites buscavam se refugiar nas montanhas geladas da Suíça, em sanatórios protetores.³

Portanto, foi esse modelo de guerra que se instituiu na história humana desde então, modulando com um novo estilo, invariável, todas as guerras subsequentes, que ocorreram ao longo dos séculos xx e xxi, inclusive a atual guerra entre a Rússia e a Ucrânia, assim como a que está ocorrendo entre israelenses e palestinos.

Em decorrência dessa extensão inesperada, que incidia ao mesmo tempo em todas as coordenadas da ordem social e da ordem internacional, a emergência da Primeira Guerra Mundial passou a ser considerada o marco do início do século xx. Contudo, do estrito ponto de vista cronológico, o século xx já tinha se iniciado havia treze anos, em 1901.

O que está em pauta nesta leitura, portanto, é a consideração efetiva de que o novo século implicou a trans-

---

² Remarque, E. M. *Nada de novo no front*. Rio de Janeiro, Civilização Brasileira, 1964.
³ Mann, T. *A montanha mágica*. São Paulo, Companhia das Letras, 2010.

formação radical das *formas de vida*, para se valer da expressão enunciada por Ludwig Wittgenstein em *Investigações filosóficas*.[4]

Além disso, ainda em pauta nessa interpretação está a consideração de que o novo século se caracterizaria pela produção de uma *descontinuidade* radical e pela construção de um efetivo acontecimento, de forma a virar o mundo de ponta-cabeça, para lançar mão do conceito enunciado por Michel Foucault em *A arqueologia do saber*.[5]

Portanto, a constituição e a emergência histórica da problemática da guerra total, pela transformação radical de todas as formas da vida anteriormente estabelecidas, assim como pelas rupturas promovidas na *continuidade* das práticas sociais, colocaram em cena não apenas outra relação entre a *vida* e a *morte* até então instituída no Ocidente, mas também preparou as bases para a reconfiguração entre a *guerra* e a *política*.

Enfim, tudo isso estava em pauta na viragem do novo século, que se anunciava, de forma devastadora e ruidosa, pela descontinuidade promovida por todas as linhas de força e de fuga de nossa existência histórica até então estabelecidas, como veremos mais ainda nos capítulos subsequentes, escutando pacientemente a letra e a voz do discurso freudiano.

---

[4] Wittgenstein, L. *Tractatus logico-philosophicus suivi de "investigations philosophiques"*. Paris, Gallimard, 1961.
[5] Foucault, M. *L'Archéologie du savoir*. Paris, Gallimard, 1969.

12. Interdição de matar e autorização de matar

No ensaio intitulado "Considerações atuais sobre a guerra e a morte",[1] publicado em 1915, quando a Primeira Guerra Mundial já havia provocado seus efeitos devastadores iniciais, Freud se apresentava surpreendido e chocado diante do novo acontecimento decisivo da ordem internacional. Entre aflito e indignado, quase não querendo acreditar no que estava acontecendo, ele assistia ao triste espetáculo de caírem por terra todas as suas crenças estabelecidas sobre a civilidade ocidental, no que esta representava de superior e de sublime, pelo desenvolvimento que promovera dos *discursos* da *ciência* e da *técnica*, assim como dos demais registros dos campos *sociais* e *culturais*.

Os três grandes representantes da civilização ocidental, pelos critérios destacados, tinham estabelecido um confronto sangrento com seus inimigos. Com efeito, a França, a Alemanha e a Inglaterra exibiam então o triste cenário de destruição ampla, geral e irrestrita, sem

---

[1] Freud, S. "Considérations actuelles sur la guerre et sur la mort" (1915). Cap. I. In: Freud. S. *Essais de psychanalyse*. Paris, Payot, 1981.

qualquer evidência de limite palpável nos seus objetivos primordiais de aniquilação.

Nesse contexto, as invenções possibilitadas pelos discursos da ciência e da técnica estariam a serviço da imposição da hegemonia pela destruição dos inimigos, e não da promoção da melhoria das condições sociais, econômicas e culturais da existência coletiva. Com efeito, novos armamentos altamente sofisticados foram construídos para servir aos esforços da guerra.

Em consequência, o discurso freudiano passou a questionar o paradigma científico e cultural da evolução, que o havia acompanhado desde o início de seu percurso teórico, modelado no discurso de Darwin, que hierarquizava as sociedades ocidentais e as sociedades primeiras, considerando aquelas *superiores* a estas, pelo desenvolvimento e disseminação da racionalidade científica. Contudo, o discurso freudiano estabeleceu a sua *ruptura* teórica com o modelo evolucionista, que incorporava até então no seu percurso teórico. Freud criticou essa concepção ao formular que as sociedades primeiras seriam superiores às ditas civilizadas, uma vez que *respeitavam* muito mais a *vida humana*, evidenciando assim a *fratura* existente entre os registros *moral* e *racional* na leitura das diferentes modalidades da experiência civilizatória.

Evidentemente, a disseminação do paradigma da guerra total desconstruiu em ato a leitura freudiana sobre a civilidade, desenvolvida em *Totem e tabu*,[2] como destacamos no capítulo anterior, segundo a qual a *culpa*

---

[2] Idem. *Totem et tabou* (1913). Cap. IV. Paris, Payot, 1975.

inconsciente pelo assassinato do pai primordial impediria a disseminação da guerra e propagaria a disseminação do discurso da política e da ética, fundado no imperativo do "Não matarás". Com efeito, a interdição (universal) de matar não se sustentaria mais, pois seria válida apenas em tempos de *paz*, pois o *Estado* interditaria o desejo de matar, mas o autorizaria, em contrapartida, no tempo de guerra.[3] Se o Estado interditaria ou autorizaria a produção social da morte, respectivamente nos tempos de paz ou de guerra, a interdição de matar se tornaria assim *relativa* e não mais absoluta e imperativa, como queria supor Freud em *Totem e tabu*.

Portanto, se nesse texto o discurso freudiano enunciara que a regulação pela culpa promoveria a interdição (universal) de matar, estabelecendo a Paz Perpétua (Kant), o sujeito logo se deslocaria ao registro do animal de *massa*, e não seria mais um *animal de horda*. Desde a eclosão da Primeira Guerra Mundial, o animal de horda permaneceria como marca indelével da condição humana, impossível de se transformar em animal de massa, pela impossibilidade da interdição de matar e da violência humana primordial.

Enfim, o projeto civilizatório fundado na interdição de matar, pela regulação da culpa, não mais se sustentaria no discurso freudiano, de forma que as relações entre os registros da vida e da morte seriam também radicalmente subvertidos nesse discurso, como veremos adiante.

---

[3] *Idem*. "Considérations actuelles sur la guerre et la mort". *Op. cit.*

13. Trauma, angústia real e além do princípio do prazer

Com a suspensão da universalidade da interdição de matar e sua conjunção com a promoção de matar, nos diferentes tempos da paz e da guerra, caiu por terra a possibilidade de a culpa regular subjetivamente a violência e o desejo de matar do sujeito. Um novo cenário se delineia, de maneira ao mesmo tempo sombria e sangrenta, uma vez que a *vida* e a *morte* como potências do ser passaram a se digladiar na cena social de modo permanente e sempre recomeçada.

Nesse novo cenário bélico, o discurso freudiano enunciou a existência da categoria clínica da *neurose de guerra*,[1] que, logo em seguida, foi transformada num *caso particular da neurose traumática*, que permanece como a grande referência clínica no discurso freudiano de 1920 em diante.

A situação que se impõe é a forma pela qual Freud delineou clínica e inicialmente a neurose de guerra e, em seguida, a neurose traumática. Assim, diferentemente do *discurso neuropsiquiátrico* que caracterizou a neurose (traumática) de guerra no registro *comportamental* –

---

[1] Freud, S. "Au-delà du principe du plaisir" (1920). In: Freud, S. *Essais de psychanalyse*. Paris, Payot, 1999.

dispneia, aceleração cardíaca, oscilação de humor, suores frios etc. –, o discurso freudiano a caracterizou no registro psíquico no estrito senso, colocando em destaque uma *modalidade específica do sonho*, que se caracterizaria pela *dor*, e não pelo *prazer*. Isso contrariava um *padrão de sonhar* estabelecido desde *A interpretação dos sonhos*, pelo qual o sonho seria marcado pelo imperativo do prazer, pois nele se enunciaria o imperativo insofismável da *realização do desejo*.[2] Portanto, Freud se deparou com um *signo clínico* novo, que contrariava fundamentalmente sua tese psicanalítica, pois, com a neurose de guerra, o cenário onírico também poderia ser caracterizado pelo signo da dor.

Ao enunciar o conceito de neurose (traumática) de guerra, o discurso freudiano retomou o conceito de *trauma* que tinha abandonado em 1896, quando afirmou para Wilhelm Fliess que "não acreditava mais em sua neurótica".[3] Isto é, não abraçava a *narrativa* de seus pacientes, de que teriam sido seduzidos na infância e que isso teria se repetido na adolescência, produzindo um efeito de *posterioridade*, da ação retroativa da *cena II (adolescência)* sobre a *cena I (infância)*, que conduziria ao recalque, e na formação do *sintoma* como uma *formação de compromisso*.[4]

---

[2] Idem. *L'interprétation des rêves* (1900). Paris, PUF, 1976.
[3] Idem. *La naissance de la psychanalyse: Lettres à Wilhelm Fliess, Notes et Plans (1887-1902)*. Paris, PUF, 1973.
[4] Idem. "Les psychonévroses de défense" (1894). In: Freud, S. *Névrose, psychose et perversion*. Paris, PUF, 1973. Freud, S. *Nouvelles conférences sur la psychanalyse* (1933). Paris, Gallimard, 1936.

Assim, ao criticar o conceito de *trauma* como *sedução*, o discurso freudiano passou a conceber a neurose e o psiquismo como fundados na *fantasia* (inconsciente), de maneira que todas as psiconeuroses seriam moduladas pela articulação entre o desejo e a fantasia inconscientes. Ao lado disso, constituía as diferentes *formações do inconsciente* – *sintoma*,[5] *sonho*,[6] *lapso*,[7] *ato falho*,[8] *piada*[9] e *transferência*[10] –, moduladas pela conjunção entre os registros do desejo e da fantasia. Seriam, enfim, essas diferentes formações do inconsciente que constituíam o *campo do analisável* propriamente dito.

No entanto, ao criticar a teoria da sedução (trauma) em nome da teoria da fantasia, Freud não queria sustentar a suposição de que a *figura do pai* como sedutor poderia ser a encarnação do *Mal*, de modo que a figura do pai pretendia ser o que modularia as diferentes formações do inconsciente, na conjunção entre essas fantasias inconscientes. Contudo, ao retomar a problemática do trauma em 1920, sob as formas de neurose de guerra e neurose traumática, enunciou a *figura do pai*, por não poder proteger completamente o sujeito do mal e do pior, como uma *figura falha* do pai. Dessa forma, a experiência traumática aconteceria justamente em decorrência da

---

[5] Idem. *L'interprétation des rêves* (1900). Introdução e cap. I. *Op. cit.*
[6] *Ibidem.*
[7] Idem. *Psychopathologie de la vie quotidienne* (1901). Paris, Payot, 1973.
[8] *Ibidem.*
[9] Idem. *Le mot d'esprit et sa relation à l'inconscient* (1905). Paris, Gallimard, 1969.
[10] Idem. *La tecnique psychanalytique* (1895-1918). Paris, PUF, 1972.

falha da figura do pai em perceber o risco e o pior, isto é, a *ameaça de morte* do sujeito.[11]

Tal fragilidade da figura do pai e a sua limitação poderiam lançar o sujeito na condição do trauma, na medida em que essa figura não seria *onipotente*. Em decorrência disso, não poderia empreender a *antecipação* de todos os *eventos* perigosos para o sujeito, o que o conduziria de maneira inequívoca para a experiência traumática. Com efeito, o trauma seria a falha que se realizaria na impossibilidade da antecipação do mal pelo sujeito, tal como o discurso freudiano passou a enunciar de forma sistemática em 1926, em *Inibição, sintoma e angústia*.[12] Nesse ensaio fundamental, o discurso freudiano expôs a *diferença* e a *oposição* conceitual e clínica entre *angústia sinal* e *angústia real*. Na primeira, o sujeito poderia antecipar o pior e colocar em ação as suas defesas psíquicas diante ao perigo. Na segunda, em contrapartida, a antecipação não aconteceria e o sujeito seria lançado no real do trauma, na angústia do real.

Portanto, o discurso freudiano se destacou do campo norteado inicialmente pela figura do pai onipotente, que regularia as diferentes formações do inconsciente na conjunção articulada entre a fantasia e o desejo inconsciente, para a figura oposta, do pai falho, que não poderia mais antecipar o pior e lançaria o sujeito no campo da morte possível sob a forma de trauma. Com efeito, o sujeito não poderia mais contar com a antecipação simbólica do pai

---
[11] Idem. "Au-delà du principe du plaisir". In: Freud, S. *Essais de psychanalyse. Op. cit.*
[12] Idem. *Inhibition, symptôme et angoisse* (1926). Paris, PUF, 1973.

onipotente que lhe protegeria. Seria essa, enfim, a condição de sujeito na *modernidade avançada*, diferente da condição de sujeito na modernidade inicial, onde a cena psíquica seria caracterizada pela produção das diferentes formações do inconsciente.

Dessa maneira, se o discurso freudiano, desde *A interpretação dos sonhos*, era norteado pelo imperativo do *princípio do prazer*,[13] a partir de 1920 passa a enunciar o imperativo do *além do princípio do prazer*, registrado, aliás, no título do ensaio publicado naquele ano, no qual Freud problematiza a neurose de guerra como neurose traumática.[14]

Além disso, foi ainda nesse contexto teórico que o discurso freudiano introduziu a nova oposição pulsional no psiquismo, de que este seria regulado pela oposição entre *pulsão de vida* (Eros) e *pulsão de morte* (Tanatos), que seriam assim as coordenadas reguladoras do princípio do prazer e do além do princípio do prazer, respectivamente.

---

[13] *Idem. L'interprétation des rêves* (1900). Capítulo II. *Op. cit.*
[14] *Idem.* "Au-delà du principe du plaisir". In: Freud, S. *Essais de psychanalyse. Op. cit.*

14. Vitalismo e mortalismo

No ensaio de 1924, intitulado "O problema econômico do masoquismo", o discurso freudiano empreendeu sua autocrítica teórica, enunciando que, quando colocou o princípio do prazer como constitutivo originário do psiquismo, nos sentidos lógico e histórico ao mesmo tempo, não teria ainda encontrado as novas modalidades do trauma e do masoquismo. Com efeito, na nova concepção freudiana, o além do princípio do prazer seria originário no aparelho psíquico, de maneira que seria *secundário* e *derivado* do além do princípio do prazer.[1]

Para sustentar a nova tese metapsicológica, Freud enunciou um *mito* teórico constitutivo do psiquismo. No registro originário, a pulsão de vida e a pulsão de morte existiriam no aparelho psíquico numa relação de conflito. Num segundo tempo, a pulsão de vida expulsaria a pulsão de morte do psiquismo, que se transformaria então em *sadismo* e *pulsão de destruição*. Ao mesmo tempo, uma parcela da pulsão de morte não seria expulsa do psiquismo e permaneceria como *resto*, sendo erotizada e se configurando sob a forma de *masoquismo*.

---

[1] Freud, S. "Le problème economique du masochisme" (1924). In: Freud, S. *Névrose, psychose et perversion*. Paris, PUF, 1973.

Portanto, o discurso freudiano articulou diferentes *teses* nesse contexto metapsicológico. A primeira delas é que, para não morrer e não se autodestruir, o psiquismo precisa se tornar agressivo e violento em relação ao Outro, de maneira que a pulsão de morte se transforme em pulsão de autodestruição. A segunda tese é de que o masoquismo seria primário e o sadismo seria então secundário,[2] invertendo a formulação inicial dos "Três ensaios sobre a teoria da sexualidade".[3]

Com efeito, nos ensaios inaugurais sobre a sexualidade, de 1905, o discurso freudiano enunciou que a pulsão sexual, na sua ânsia imediata de satisfação, machucaria o objeto no seu ímpeto como *pulsão de domínio*, de forma que o sadismo seria primário e o masoquismo secundário, pois este se constituíra no retorno do sadismo sobre o sujeito, pela operação psíquica norteada pela culpa. Portanto, na nova cena teórica do além do princípio do prazer, seriam invertidas as posições axiais do masoquismo e do sadismo, como enunciado anteriormente, de modo que o que era primário se tornou secundário, e vice-versa.

Ainda no ensaio "O problema econômico do masoquismo", o discurso freudiano apontou que o além do princípio do prazer, como originário e primário ao mesmo tempo, deveria se denominar *princípio do Nirvana*.[4] Vale dizer, o movimento de expulsão da pulsão de

---

[2] *Ibidem*.
[3] *Idem. Trois essais sur la théorie de la sexualité* (1905). Paris, Gallimard, 1962.
[4] *Idem*. "Le problème economique du masochisme" (1924). In: Freud, S. *Névrose, psychose et perversion*. Paris, PUF, 1973.

morte visaria a neutralizar a *excitação psíquica*, como o conceito oriental de Nirvana sugere, a saber, a suspensão da excitação psíquica, a morte como Nirvana.

É preciso destacar ainda que, nesse novo contexto teórico, o discurso freudiano se deslocou de um *paradigma biológico*, fundado inicialmente no *vitalismo*, para outro, fundado no *antivitalismo* ou *mortalismo*.

Assim, desde os tópicos iniciais do "Projeto para uma psicologia científica", Freud supunha que a *excitação* corporal seria *perturbadora* para o sujeito, que tentaria se livrar dela pelo mecanismo da *expulsão*.[5] Contudo, ponderou em seguida que, se a dita expulsão se realizasse de modo absoluto, o organismo em questão seria destinado à morte, por zerar todas as excitações corporais. Dessa maneira, passou a supor que a expulsão seria *relativa* e não *absoluta*. Enfim, se estabeleceria o *princípio de constância* como base do *princípio do prazer*, e o discurso freudiano criticaria o princípio[6] da inércia inicial. Porém, como vimos, foi essa eventualidade efetiva da morte, afastada e conjurada no paradigma vitalista inicial, que conduziu posteriormente o discurso freudiano a apontar, num texto de 1924, "O problema econômico do masoquismo,"[7] que o mortalismo seria enunciado pela psicanálise numa perspectiva eminentemente crítica e contrária ao vitalismo.

---

[5] Idem. "Esquisse d'une psychologie scientifique" (1895). Parte I, 1 e 2. In: Freud, S. *La naissance de la psychanalyse*. Paris, PUF, 1973.
[6] *Ibidem*.
[7] Idem. "Le problème économique du masochisme" (1924). *Op. cit.*

Assim, se inicialmente o *modelo biológico* que norteara o discurso freudiano era o da *fisiologia* de Claude Bernard, construído de acordo com as coordenadas biológicas da *homeostasia* e da autorregulação,[8] o que estaria em pauta após 1920, em contrapartida, seria o já citado modelo anatomopatológico de Bichat.[9] Se pelo modelo biológico e fisiológico a morte viria apenas após a vida, pelo anatomopatológico, em contrapartida, a morte seria o *Outro* da vida, de forma que o vitalismo teria, também, um sabor de mortalismo.[10] No entanto, toda essa reviravolta teórica e metapsicológica apenas se tornou possível pelo enunciado do novo dualismo pulsional, entre pulsão de vida e pulsão de morte, em "Além do princípio do prazer". A pulsão de vida seria caracterizada pelo imperativo da *união* daqueles traços a que está ligada e a pulsão de morte pelo da *disjunção* deles.[11] Portanto, o aparelho psíquico seria regulado pela oposição permanente entre o *Amor* (Eros) e a *discórdia* (Tanatos), destacados dos discursos filosóficos de Platão e de Empédocles, respectivamente.[12]

Assim, a pulsão de morte assume diversas figurações possíveis, desde a *ausência total de excitação* (Nirvana) até a forma derivada de *pulsão de destruição*, pelo viés da inversão sobre os polos do masoquismo (primário) e do

---

[8] Idem. *L'interprétation des rêves*. Paris, PUF, 1976.
[9] Foucault, M. *Naissance de la clinique*. Paris, PUF, 1963.
[10] *Ibidem*.
[11] *Ibidem*.
[12] Freud, S. "Au-delà du principe du plaisir". In: Freud, S. *Essais de psychanalyse*. Paris, Payot, 1999.

sadismo (secundário).[13] Em consonância disso, as relações entre guerra e política então se modificam, de maneira que os laços sociais passam a ser modelados pela pulsão de destruição e a guerra assume uma posição anterior à política. O conceito do *narcisismo das pequenas diferenças*, apresentado em "Psicologia das massas e análise do eu", de 1921, fundamentaria essa nova inserção teórica no discurso freudiano, assim como o paradigma da guerra civil modelaria as relações sociais na modernidade avançada. É o que veremos no próximo capítulo.

---

[13] Freud, S. "Le problème économique du masochisme" (1924). In: Freud, S. *Névrose, psychose et perversion*. Paris, PUF, 1973.

15. O narcisismo das pequenas diferenças

PREÂMBULO

A intenção deste capítulo é enunciar a constituição de outra leitura sobre a problemática da política em psicanálise, em conjunção com a da guerra, no campo específico do discurso freudiano, com a emergência teórica da *questão do narcisismo das pequenas diferenças*,[1] exposto no ensaio "Psicologia das massas e análise do eu".[2] Publicado em 1921, logo após o fim da Primeira Guerra Mundial, o texto destaca as transformações radicais produzidas na e pela guerra para a constituição de outros *espaços sociais* na Europa de então, que já prefiguravam os embates políticos e ideológicos ocorridos com a configuração dos *discursos políticos da extrema direita*, evidenciados com a constituição do autoritarismo político sob as formas do *fascismo* e do *nazismo*.

O discurso freudiano teve, assim, a argúcia e a sensibilidade para apreender em ato e em estado nascente a viragem eloquente que estava em franca operação e se

---
[1] Foucault, M. *Dits et écrits*. Vol. I. Paris, Gallimard, 1994.
[2] Freud, S. "Psychologie des foules et analyse du moi" (1921). In: Freud, S. *Essais de psychanalyse*. Paris, Payot, 1981.

configurava de forma perturbadora. Nesse contexto, os campos dos direitos sociais e políticos foram desrespeitados, de maneira ampla, geral e irrestrita, em nome de imperativos ideológicos espúrios, como é de conhecimento de todos.

Assim, vamos delinear neste capítulo o enunciado das *linhas de força* e *de fuga* desse contexto histórico decisivo, no qual se realizou a *descontinuidade*[3] na história moderna.[4]

NARCISISMO DAS PEQUENAS DIFERENÇAS E GUERRA CIVIL

Após formular inicialmente o conceito de *narcisismo*, em 1914, em "Introdução ao narcisismo",[5] ensaio em que problematiza o registro do eu e aponta as instâncias psíquicas ideais (eu ideal e ideal do eu), Freud procurou pensar no campo do narcisismo a partir dos laços sociais, modulado pelas pequenas diferenças. Dessa maneira, afirmou que algo de novo e de inédito estava em jogo nessa conjuntura histórica europeia e internacional, a saber, a *intolerância do sujeito*, nos *registros individual* e *coletivo*, com a *experiência da diferença* diante do *Outro*, qualquer que fosse a diferença colocada em pauta.

---

[3] Foucault, M. *Archéologie du savoir*. Paris, Gallimard, 1969.
[4] Freud, S. "Psychologie des foules et analyse du moi" (1921). In: Freud, S. *Essais de psychanalyse*. Paris, Gallimard, 1983.
[5] *Idem*. "Pour introduire le narcissisme" (1914). In: Freud, S. *La vie sexuelle*. Paris, PUF, 1973.

O NARCISISMO DAS PEQUENAS DIFERENÇAS

Na relação com os demais nos registros da singularidade e da sociedade, o sujeito passou a não suportar a diferença do Outro em relação a si próprio, de forma que o Outro em questão passou a ser caracterizado inicialmente como um adversário e, em seguida, como um inimigo, fazendo com que a eliminação do Outro pela violência passasse regularmente a se impor no espaço social.[6] Assim, se o Outro em questão se apresenta trajando uma cor diferente da minha, ou vem de uma etnia ou religião diversa, ele se transforma em adversário e mesmo em inimigo, que será eliminado pela força ou pela violência sangrenta propriamente dita.

Antes de propor o conceito de narcisismo das pequenas diferenças, que incidiria nos registros das singularidades e das alteridades ao mesmo tempo, o discurso freudiano havia enunciado, em "Psicologia das massas e análise do eu", que a psicanálise era não apenas uma *psicologia individual*, mas também uma *psicologia social*, que abarcaria conjuntamente os registros opostos do *narcisismo* (psicologia individual) e da *alteridade* (psicologia social). Apenas depois dessa enunciação se tornou possível para o discurso freudiano empreender a leitura das *psicologias das massas* pela psicanálise, realizada de forma magistral na obra "Psicologia das massas e análise do eu".

Com a formulação da categoria do narcisismo das pequenas diferenças, Freud destacou a constituição social e política no registro específico da intolerância generalizada no Ocidente, na qual o Outro deveria ser eliminado,

---

[6] *Idem*. "Psychologie des foules et analyse du moi" (1921). *Op. cit.*

fosse pela violência real, fosse pela violência simbólica. Com efeito, o que está sendo caracterizado no discurso freudiano é a emergência das ideologias do fascismo e do nazismo, em que o sujeito nessas condições não aceita o convívio com a diferença e a alteridade.

Portanto, o que está em pauta no início dos anos 1920 é a emergência da *guerra civil* generalizada no espaço social europeu. A não aceitação da diferença do Outro e da diversidade humana desembocaria necessariamente numa guerra civil promovida inicialmente naquele continente e posteriormente em escala internacional, como ocorreu com a eclosão da Segunda Guerra Mundial, no final dos anos 1930.

GUERRA E PULSÃO

Ao enunciar o conceito de narcisismo das pequenas diferenças no contexto da guerra civil generalizada e disseminada, o discurso freudiano se *deslocou* de modo sutil do *paradigma dominante* de pensar a guerra a partir do registro da política, para conceber o oposto, qual seja, de que *a guerra seria a matriz efetiva para se pensar no campo político*.

Como se sabe, o paradigma de que a política seria a continuação da guerra em outros termos foi estabelecido inicialmente no século xix pelo general prussiano Carl von Clausewitz, na obra intitulada *Da guerra*.[7] Esse

---

[7] Clausewitz, C. V. *Da guerra*. São Paulo, Martins Fontes, 1996.

paradigma teórico foi retomado por uma plêiade fundamental de autores importantes nos séculos xix e xx, tais como Hegel, Marx e Lênin, representado até hoje como uma evidência e uma obviedade na tradição da Ciência Política do Ocidente.

No entanto, a formulação de Freud sobre a instauração da guerra civil como correlato da experiência generalizada e disseminada do narcisismo das pequenas diferenças inverte decisivamente a formulação clássica de tão nobre linhagem teórica, ao colocar a guerra (civil) como matéria-prima e matriz do campo político.

Essa inversão teórica foi problematizada e sistematizada por Foucault, no curso de 1976 do Collège de France intitulado *Em defesa da sociedade*,[8] apontando que seriam as relações de forças existentes no espaço social, configuradas de forma violenta e bélica, que modelariam o campo da política, e não o inverso, ao contrário do que foi formulado por Clausewitz. Na proposição que estou encaminhando agora neste capítulo, me parece que a formulação de Freud sobre o narcisismo das pequenas diferenças, que se desdobra nas experiências sociais das adversidades e das inimizades, encontra uma formulação teórica mais bem fundamentada na leitura genealógica de Foucault: a guerra seria efetivamente a matriz da política.

Ainda em "Psicologia das massas e análise do eu", o discurso freudiano enunciou de maneira eloquente que

---

[8] Foucault, M. *Il faut défendre la société* (1976). Paris: Gallimard/Seuil/EHESS, 1997.

o *homem não é um animal de massa, mas um animal de horda*,[9] já que não seria passível de ser disciplinado e massificado, pois a sua matriz violenta e guerreira seria fundamental no seu ser.

Em seguida, no final de sua obra, em 1930, no ensaio "Análise terminável e análise interminável", Freud enunciou a existência de três *práticas sociais impossíveis*, a saber, *educar, governar* e *psicanalisar*.[10] Por que, no entanto, seriam então consideradas como da ordem do impossível?

Uma vez que não seria possível eliminar a *dimensão pulsional* da configuração do sujeito, este não poderia ser completamente educável, pois algo inscrito nele (a pulsão) resiste à *disciplina* pedagógica assim como resiste a ser tratado como massa de manobra no registro político e até mesmo a ser analisado terapeuticamente pela psicanálise. A pulsão resistiria, então, a qualquer normalização psíquica.

Nessa perspectiva, a *pulsão* seria aquilo que conduz o sujeito a resistir à normalização e à disciplina, de forma a instalar as coordenadas da guerra nas relações e nos laços sociais. Nesse sentido, a guerra delinearia o campo da política, e não o inverso, como pretendia Clausewitz.

A guerra civil generalizada e disseminada se impôs então no continente europeu como um novo imperativo que modularia as relações entre a guerra e a política. Desde

---

[9] Freud, S. "Psychologie des foules et analyse du moi" (1921). *Op. cit.*
[10] *Idem*. "Analyse avec fin et analyse sans fin" (1938). In: Freud, S. *Résultats, idées, problèmes*. Vol. II. Paris, PUF, 1985.

então, o espectro da guerra civil passou a nos assombrar continuamente nas nossas existências diurna e noturna.

PAZ E GUERRA

Para ressaltar a novidade teórica dessa formulação de Freud, contudo, é preciso evidenciar devidamente a sua diferença específica em relação ao contexto teórico imediatamente anterior.

No ensaio *Totem e tabu*, o discurso freudiano supunha que a violência e a morte seriam interditadas na condição humana pela *culpa* decorrente da morte primordial perpetrada pelos filhos em revolta contra o pai primordial, de forma que a culpa inconsciente resultaria da violência humana originária e nos destinaria à interdição da violência mortal.[11] Portanto, realizou a leitura psicanalítica do preceito bíblico "Não matarás", um dos Dez Mandamentos, pelo efeito de produção da culpa, consequente à morte violenta da figura do *pai então morto* no inconsciente.[12]

Contudo, com o advento da Primeira Guerra Mundial, a violência passou a ser generalizada e a guerra acontecia com a *autorização do Estado*. Dessa forma, o mandamento "Não matarás" deixou de ser *universal* para ser então *relativo*, pois o sujeito seria constrangido pelo

---

[11] Idem. *Totem et tabou* (1913). Paris, Payot, 1975.
[12] Idem. "Considérations actuelles sur la guerre et sur la mort" (1915). Cap. I. In: Freud. S. *Essais de psychanalyse*. Paris, Payot, 1981.

Estado a não matar em tempos de paz e seria autorizado a fazê-lo em tempos de guerra.

Como foi visto ao longo deste capítulo, Freud sustentou que, desde o pós-guerra, o que estaria em pauta não era mais a interdição/autorização da violência em tempos de guerra e de paz, mas a guerra civil generalizada com a matriz do narcisismo das pequenas diferenças, não mais se pautando pelo paradigma de Clausewitz.

16. Paz impossível

Na concepção enunciada por Freud no seu breve ensaio dos anos 1930 sobre a guerra, as relações conflitivas estabelecidas entre os diferentes registros do *direito*, da *violência* e do *poder* modularam a história da humanidade e foram constitutivas da própria civilização, pois implicavam limites impostos à *força*, na *ampliação* correlata do domínio dos direitos.[1] Esse processo possibilitou a constituição de um espaço social majoritário que poderia se proteger do uso arbitrário da força promovido por alguém ou por uma minoria que pretendesse dominar a todos. Essa proteção acarretaria a presença de *laços sociais* estabelecidos entre os sujeitos e regulados por *identificações*. Contudo, a configuração do campo dos direitos não implicaria o imperativo da força. Em relação a isso, Freud não concordava com Walter Benjamin, que, no ensaio "Crítica da violência", sustentava, ao contrário, que o direito supunha a violência e a dominação.[2]

---

[1] Freud, S. "Pourquoi la guerre?" In: Freud, S. *Résultats, idées, problèmes*. Vol. II. Paris, PUF, 1985.
[2] Benjamin, W. "Critique de la violence" (1921). In: Benjamin, W. *Oeuvres*. Vol. I. Paris, Gallimard (Folio), 2000.

Não obstante essas formulações genéricas de Freud, a *problemática*, tecida pela declinação entre a força e a violência no *sujeito*, seria constitutiva e mesmo fundante deste, de forma que não seria passível de ser erradicada por ações preventivas, como sugeriu, aliás, Einstein, em seu ensaio sobre a guerra.[3] Com efeito, constituído pela *conjunção* e pela *disjunção* estabelecidas entre a pulsão de vida e a pulsão de morte, o sujeito estaria marcado por essa polarização, de maneira insistente.[4] Esses registros pulsionais se conjugariam em múltiplas circunstâncias da existência, de modo que a *ação silenciosa* e *não regulada* da pulsão de morte no campo da pulsão de vida seria inquietante, o que implicaria um perigo real para o sujeito. Enfim, o imperativo da autoconservação do sujeito se relacionaria à colaboração da agressividade, e sem ela o sujeito estaria em risco.

Foi, portanto, pela argumentação centrada no dualismo pulsional entre Eros e Tanatos que Freud *contestou* o *imperativo preventivo* de Einstein em relação à guerra, o qual buscava pensar na possibilidade da Paz Perpétua, no estrito sentido kantiano. No que tange a isso, é preciso evocar, numa passagem crucial de seu texto sobre a guerra, como Freud interpelou Einstein de maneira decisiva: "Por que nos revoltamos tanto contra a guerra, você, eu e tantos outros, por que não a aceita-

---

[3] Einstein, A. "Why war?". In: Freud, S. *The Standard Edition of the Complete psychological works of Sigmund Freud* (1923). Vol. XXII. Londres, Hogarth Press, 1978.
[4] *Idem*. "Au-delà du principe du plaisir". In: Freud, S. *Essais de psychanalyse*. Paris, Gallimard, 1999.

mos como tal, entre as numerosas necessidades possíveis da vida? Ela parece, no entanto, conforme a natureza, biologicamente bem fundada, praticamente inevitável." Diante da formulação de algo que seria então inesperado para Einstein, na sua expectativa de uma ação preventiva para tornar possível a Paz Perpétua, Freud então acrescenta de forma peremptória: "Não fique assustado pela minha interrogação."[5]

A partir da consideração teórica de seu último dualismo pulsional, Freud criticou a possibilidade de prevenção da guerra e o projeto da Paz Perpétua. Para que essas fossem possíveis, seria preciso que idealmente os homens submetessem as suas pulsões à "ditadura da razão". Porém, esse intento teria um *efeito paradoxal*, pois implicaria que tais homens não apenas seriam ideais, como também teriam que renunciar "aos seus laços afetivos mútuos", o que estaria certamente no limite do impossível para eles. Portanto, esse projeto seria insustentável, pois implicaria uma "esperança utópica", pontua Freud de maneira conclusiva e convincente.

Freud enunciou que essa polarização pulsional seria constitutiva da vida, de forma que interditar a violência pela "ditadura da razão" envolveria colocar a *vida em risco*. Assim, a existência da pulsão de morte em estado livre e sem intricação com a pulsão de vida seria complicada, pois a destrutividade humana seria resultante disso. Sobre isso, aliás, Freud enunciou em "O eu e o isso" como tal desintricação pulsional promoveria a transformação do

---

[5] *Ibidem*, p. 213.

supereu num *caldo de cultura da pulsão de morte*, como se evidenciaria na severidade do supereu na *melancolia* e na *neurose obsessiva-compulsiva*.[6]

A formulação desse novo dualismo pulsional no discurso freudiano ocorreu em 1920, com a publicação do *Além do princípio do prazer*. Porém, como enunciou Freud em 1937, no ensaio intitulado "Análise terminável e análise interminável", uma parte significativa da comunidade psicanalítica não o acompanhou na formulação da existência da pulsão de morte.[7] Em decorrência da não aceitação da teoria da pulsão de morte, no Congresso Internacional de Psicanálise realizado em 1936, em Marienbad (França), os psicanalistas se indagavam ainda sobre os *critérios de cura* em psicanálise, em vez de se perguntarem sobre *o que é obstáculo à cura analítica* no aparelho psíquico, qual seja, o *trabalho silencioso da pulsão de morte*. Enfim, para Freud o que promoveria a cura em psicanálise estava já delineado desde a sua constituição, a saber, os laços eróticos estabelecidos na transferência entre o analisante e o analista.[8]

No ensaio intitulado "O problema econômico do masoquismo", publicado em 1924, Freud não apenas enunciou que o novo dualismo pulsional seria originário no aparelho psíquico, como também formulou que seria

---

[6] Freud, S. "Le moi et le ça" (1923). In: Freud, S. *Essais de psychanalyse*. Paris, Payot, 1981.

[7] Glover, E.; Fenichel, O.; Strachey, J.; Bergler, E.; Nunberg, H.; Bibring, E. "Symposium on the theory of the therapeutic results of psychoanalysis". In: *International Journal of Psychoanalysis*. Vol. XVIII. partes 2 e 3. Londres, 1937.

[8] *Ibidem*, p. 236.

a *expulsão* da pulsão de morte pela pulsão de vida a condição da vida e o que constituiria, ao mesmo tempo, a pulsão de destruição.[9] Vale dizer, o estabelecimento da vida no psiquismo apenas seria possível pela promoção da pulsão da destruição, como o seu correlato, pelo ato da sua expulsão. Além disso, como esta deixaria ainda um *resto* de pulsão de morte no psiquismo, esse resto seria a condição de possibilidade para sua constituição nas diferentes modalidades de *masoquismo* (*erógeno*, *moral* e *feminino*), assim como da *consciência moral* (*supereu*).

Em nome do imperativo da autoconservação, a pulsão de vida expulsaria parte da pulsão de morte para o exterior do psiquismo como pulsão de destruição, delineando então o paradoxo constitutivo do sujeito, esboçado sempre entre a vida e a morte. Por isso mesmo, a guerra seria inevitável, uma vez que seria derivação da pulsão de destruição, de forma que o ideário da Paz Perpétua estaria no limite do impossível.

A nova teoria de Freud sobre o *mal-estar*, desenvolvida em 1930 no ensaio *Mal-estar na civilização*, se fundou igualmente na problematização que empreendeu do novo dualismo pulsional. O mal-estar seria decorrente da polaridade estabelecida entre as pulsões de vida e de morte, de forma que, paradoxalmente, a condição de possibilidade da vida seria a expulsão da pulsão de morte pela pulsão de vida para fora do psiquismo, tendo como consequência, por um lado, a produção da pulsão de

---

[9] Freud, S. "Le problème économique du masochisme" (1924). In: Freud, S. *Névrose, psychose et perversion*. Paris, PUF, 1973.

destruição e, por outro, o resto de pulsão de morte, que permaneceria no aparelho psíquico e seria a fonte das diversas modalidades de masoquismo e da consciência moral.[10]

Seria ainda em decorrência disso que Freud, em "Análise terminável e análise interminável", poderia afirmar, como destacamos, que existiriam *três práticas sociais impossíveis* (*educar, governar* e *psicanalisar*), justamente porque não seria possível *disciplinar as pulsões* no sujeito. Essa formulação é coerente com o novo dualismo pulsional e a teorização nova do mal-estar, de maneira que o projeto da Paz Perpétua seria definitivamente da ordem do impossível.[11]

Em conjunção estreita com tudo isso, Freud pôde retomar Arthur Schopenhauer, em 1921, no ensaio "Psicologia das massas e análise do eu", para enunciar que os sujeitos são como porcos-espinhos, de forma que deveriam manter entre si certa distância, pois, se ficassem muito próximos, certamente se repeliriam, com agressividade.[12]

Foi ainda nesse contexto teórico que o autor formulou a tese fundamental de que, na modernidade avançada, existiria o que denominou de *narcisismo das pequenas diferenças*, como vimos no capítulo anterior, pelo qual não apenas os indivíduos, mas também os diversos segmentos sociais, as etnias, os gêneros e as classes sociais

---

[10] Idem. *Malaise dans la civilization* (1930). Paris, PUF, 1970.
[11] Freud, S. "Analyse avec fin et analyse sans fin" (1938). In: Freud, S. *Résultats, idées, problèmes*. Vol. II. Paris, PUF, 1985.
[12] Freud, S. "Psychologie des foules et analyse du moi" (1921). Cap. I. In: Freud, S. *Essais de psychanalyse*. Paris, Payot, 1981.

estabeleceriam entre si relações marcadas pela violência e que, por isso mesmo, se contraporiam de maneira agressiva. Na *modernidade avançada*, nos registros individual e coletivo, existiria a impossibilidade de os sujeitos e as comunidades suportarem a *diferença* do *Outro*, sem se repelirem com violência. Portanto, a figura do Outro foi transformada na do *adversário* e na do *inimigo*, de forma que a diferença se transformou em algo impossível. Contudo, foi pelo estatuto de igualdade e pelo reconhecimento correlato da diferença existente entre os indivíduos que a democracia, a sociedade civil e a sociedade política foram estabelecidas com a emergência histórica da modernidade, com o advento da Revolução Francesa, da República e do Iluminismo. Tudo isso evidencia, no discurso freudiano tardio, como a prevenção da guerra e o seu correlato, o ideário kantiano da Paz Perpétua, se tornaram algo da ordem do impossível, em consequência do pressuposto teórico do novo dualismo pulsional, estabelecido naquele discurso desde o ensaio "Além do princípio do prazer".

17. Guerra e política

A passagem do primeiro para o segundo paradigma metapsicológico no discurso freudiano começou a se esboçar com a eclosão da Primeira Guerra Mundial, como vimos. No ensaio de 1915, como destacamos, intitulado justamente "Considerações atuais sobre a guerra e sobre a morte", Freud se mostrou perplexo com o cenário bélico, pois este não apenas seria inesperado após cem anos de paz duradoura na Europa, mas também porque o cruel banho de sangue era promovido pelas maiores potências europeias (França, Inglaterra e Alemanha), que eram a vanguarda da civilidade ocidental nos registros da ciência e da tecnologia.[1]

Nesse contexto, a tese de Freud sobre a universalidade do interdito de matar, sistematizada em *Totem e tabu*, perdeu consistência. Com efeito, o interdito de matar era promovido pelo *Estado* apenas em tempos de paz, mas, nos tempos de guerra, era o mesmo Estado que promovia a *autorização de matar*.[2] A suposta universalidade do

---

[1] Freud, S. "Considérations actuelles sur la guerre et sur la mort" (1915). Cap. I. In: Freud. S. *Essais de psychanalyse*. Paris, Payot, 1981.
[2] *Ibidem*.

interdito de matar se mostrou *relativa*, pois evidenciava variações significativas nos tempos de paz e nos tempos de guerra, de acordo com a decisão soberana do Estado.

Em decorrência disso, Freud criticou, como vimos, o paradigma evolucionista então vigente, pelo qual as nações europeias seriam superiores às sociedades primeiras, uma vez que teriam maior coeficiente civilizatório, pelo maior desenvolvimento da razão, que se evidenciaria pelas produções científica e técnica. Para Freud, as sociedades primeiras seriam paradoxalmente superiores às sociedades europeias avançadas, no registro ético, pois respeitavam os mortos e tinham regras na condução da guerra, que estavam ausentes do cenário de crueldade evidenciado então nos campos de batalha. Enfim, o paradigma evolucionista sobre as sociedades humanas deveria ser criticado e reconfigurado.

Em "Psicologia das massas e análise do eu", Freud deu um passo decisivo na nova leitura que empreendia da problemática da guerra a partir do novo dualismo pulsional. Assim, com o conceito de narcisismo das pequenas diferenças, pelo qual, na modernidade avançada, os sujeitos e os diferentes grupos sociais em diversas escalas de grandeza não conseguiam suportar a diferença e passavam a tratar o diferente como adversário e inimigo,[3] o discurso freudiano formulou a presença permanente da guerra na sociedade civil mesmo em tempos de paz. Enfim, a guerra seria então permanente no espaço social, de modo que esse discurso prefigurou o que viria acontecer

---

[3] Freud, S. "Psychologie des foules et analyse du moi" (1921). Paris, Payot, 1981.

posteriormente, de forma ainda mais radical, ao longo dos séculos xx e xxi.

Foi nesse contexto que Freud passou a fazer referências repetidas ao *Leviatã* de Thomas Hobbes, principalmente ao aforismo "o homem é o lobo do homem", se posicionando então numa perspectiva francamente crítica à filosofia política de Rousseau, no campo teórico da tradição do Contratualismo.[4] Freud, porém, não foi um autor ligado ao campo teórico da filosofia de Hobbes, pois não supunha ser possível erradicar a violência e a pulsão de destruição do sujeito pela ação do Estado.[5] Com efeito, para Freud, o homem seria um animal de horda e não um animal de massa, pois as pulsões não seriam jamais erradicadas e passíveis de adestramento.[6] Por isso, no limite, a governabilidade seria algo da ordem do impossível, como o educar e o psicanalisar, apontado em "Análise terminável e análise interminável".

Se a *governabilidade* estaria nas *bordas do impossível*, isso implica enunciar que, nas relações entre a guerra e a política, *a guerra seria primordial*, e *não a política*, em consequência da expulsão da pulsão de morte pela pulsão de vida que conduziria à pulsão de destruição, como condição paradoxal do vivente para a sustentação da vida, como Freud enunciou em "O problema econômico do masoquismo".

---

[4] Hobbes, T. *Léviathan: Traité de la matière, de la forme et du pouvoir de la république ecclésiastique et civile* (1651). 1ª parte. Paris, Sirey, 1972.
[5] *Ibidem.*
[6] Freud, S. "Psychologie des foules et analyse du moi" (1921). *Op. cit.*

Em decorrência disso, o discurso freudiano empreendeu a crítica do enunciado fundamental da filosofia da guerra de Clausewitz, na obra *Da guerra*, pela qual seria a guerra a continuação da política em outros termos, algo que foi evocado por autores fundamentais, como Hegel, Marx e Lênin, pois, para Freud, na verdade, a política seria a continuação da guerra em outros termos, numa inversão radical dessa formulação clássica.[7]

Nessa perspectiva, o discurso freudiano, no final de seu percurso teórico, empreendeu a problematização da guerra e das suas relações com a política de maneira bastante próxima da formulação genealógica de Foucault, como destacamos, que, no curso intitulado "Em defesa da sociedade", criticou a proposição de Clausewitz.[8]

---

[7] Clausewitz, C. V. *Da guerra*. São Paulo, Martins Fontes, 1996.
[8] Foucault, M. *Il faut défendre la société* (1976). Paris, Gallimard/Seuil/EHESS, 1997.

Referências bibliográficas

Alliez, E; Lazzarato, M. *Guerras e Capital*. São Paulo: Ubu, 2020.

Althusser, L. "Freud et Lacan" (1964). In: Althusser, L. *Positions*. Paris: Sociales, 1976.

Bastide, R. *Psychanalyse et sociologie*. Paris: PUF, 1968.

Benjamin, W. "Critique de la violence". In: Benjamin, W. *Oeuvres*. Volume I. Paris: Gallimard (Folio), 2000.

Besserman Vianna, H. *Politique de la psychanalyse face à la dictature et la torture. N'en parlez à personne....* Paris: Harmattan, 1998. [Ed. bras.: *Não conte a ninguém... Contribuição à história das sociedades psicanalíticas no Rio de Janeiro*. Rio de Janeiro: Imago, 1994.]

Bion, W. *A psicanálise em pequenos grupos*. Rio de Janeiro: Imago, 1970.

Breuer, F.; Freud, S. *Études sur l'hysterie*. Paris: PUF, 1971.

Cassirer, E. *Rousseau-Kant-Goethe: Two Essays*. Princeton: Princeton University Press, 1970.

Clausewitz, C. V. *Da guerra*. São Paulo: Martins Fontes, 1996.

Deleuze, G., Guattari, F. *Mille Plateaux, Capitalisme et schizophrenie 2*. Paris: Minuit, 1980.

Dumont, L. *Ensaios sobre o individualismo moderno*. Rio de Janeiro: Civilização Brasileira, 1983.

Einstein, A. "Why war?". In: Freud, S. *The Standard Edition of the Complete psychological works of Sigmund Freud*. Volume XXII. Londres: Hogarth Press, 1961.

Foucault, M. *Naissance de la clinique*. Paris: PUF, 1963.

_____. *Archeologie du savoir*. Paris: Gallimard, 1969.

_____. *Surveiller et punir*. Paris: Gallimard, 1974.

_____. *Histoire de la sexualité, v. 1: La volonté de savoir*. Paris: Gallimard, 1976.

_____. *L'ordre du discours*. Paris: Gallimard, 1976.

_____. *Dits et écrits*. Volume I. Paris: Gallimard, 1994.

_____. *Dits et écrits*. Volume IV. Paris: Gallimard, 1994.

_____. *Il faut defendre la société*. Paris: Gallimard/Seuil/EHESS, 1997.

_____. *Les anormaux*. Paris: Gallimard/Seuil, 1999.

Freud, S. "Le Moïse de Michel-Angel" (1914). In: Freud, S. *Essais de psychanalyse appliquée*. Paris: Gallimard, 1933.

_____. *Nouvelles conférences sur la psychanalyse* (1933). Paris: Gallimard, 1936.

_____. "L'inconscient" (1914). In: Freud, S. *Metapsychologie*. Paris: Gallimard, 1960.

_____. *Trois essais sur la théorie de la sexualité*. (1905). Paris: Gallimard, 1962.

_____. "Pulsions et destins de pulsions". In: Freud, S. *Métapsychologie* (1915). Paris: Gallimard, 1968.

_____. *Le mot d'esprit et sa relation à l'inconscient* (1905). Paris: Gallimard, 1969.

_____. *Malaise dans la civilisation* (1930). Paris: PUF, 1970.

_____. *Delire et rêves dans la Gradiva de Jensen* (1896). Paris: PUF, 1971.

_____. *La techique psychanalytique* (1905-1918). Paris: PUF, 1972.

_____. "Esquisses d'une psychologie scientifique" (1895). In: Freud, S. *La naissance de la psychanalyse*. Paris: PUF, 1973.

_____. *Inhibition, symptôme et angoisse.* (1926). Paris: PUF, 1973.

_____. *L'avenir d'une illusion* (1927). Paris: PUF, 1973.

_____. "La morale sexuelle 'civilisée' et les maladies nerveuses des temps modernes" (1908) In: Freud, S. *La vie sexuelle*. Paris: PUF, 1973.

_____. "Le problème économique du masochisme" (1924). In: Freud, S. *Névrose, psychose et perversion*. Paris: PUF, 1973.

_____. "Lettres à Wilhelm Fliess, Notes et Plans" (1887-1902). In: Freud, S. *La naissance de la psychanalyse*. Paris: PUF, 1973.

_____. "Pour introduire le narcissisme" (1914). In: Freud, S. *La vie sexuelle*. Paris: PUF, 1973.

_____. *Psychopathologie de la vie quotidienne.* (1901). Paris: Payot, 1973.

_____. *Totem et Tabou* (1913). Paris: Payot, 1975.

_____. *L'interprétation des rêves* (1900). Paris: PUF, 1976.

_____. "Considérations actuelles sur la guerra et sur la mort" (1915). Capítulo I. In: Freud. S. *Essais de psychanalyse*. Paris: Payot, 1981.

_____. "Le moi et le ça" (1923). In: Freud, S. *Essais de psychanalyse*. Paris: Payot, 1981.

_____. "Psychologie des foules et analyse du moi" (1921). In: Freud, S. *Essais de psychanalyse*. Paris: Payot, 1981, pp. 117-214.

_____. "La psychanalyse et l'établissement des faits en matière judiciaire par une méthode diagnostique" (1906). In: Freud, S. *Essais de psychanalyse appliquée*. Paris: Gallimard, 1983.

_____. "Analyse avec fin et analyse sans fin" (1938). In: Freud, S. *Résultats, idées, problèmes*. Volume II. Paris: PUF, 1985.

_____. "Pourquoi la guerre?" (1933). In: Freud, S. *Résultats, idées, problèmes*. Volume II. Paris: PUF, 1985.

_____. *Un souvenir d'enfance de Léonard de Vinci* (1910). Paris: Gallimard, 1985.

_____. *L'homme Moïse et la religión monotheíste* (1938). Paris: Gallimard, 1986.

_____. "Au-delà du principe du plaisir" (1920) In: Freud, S. *Essais de psychanalyse*. Paris: Payot, 1999.

Fukuyama, F. *O fim da história e o último homem*. Rio de Janeiro: Rocco, 1992.

Glover, E.; Fenichel, O.; Strachey, J.; Bergler, E.; Nunberg, H.; Bibring, E. "Symposium on the theory of the therapeutic results of psychoanalysis". In: *International Journal of Psychoanalysis*. Volume XVIII. 2ª e 3ª partes. Londres, 1937.

Hallam J., Knight M., Nasser I. "Putin se compara a 'Pedro, o Grande', czar que conquistou territórios no século 18". CNN *Brasil*. 10 jun. 2022. Disponível em:

REFERÊNCIAS BIBLIOGRÁFICAS

<www.cnnbrasil.com.br/internacional/putin-se-compara-a-pedro-o-grande-czar-que-conquistou-territorios-no-seculo-18>. Acesso em: 20 dez. 2023.

Hobbes, T. *Léviathan: Traité de la matière, de la forme et du pouvoir de la république ecclésiastique et civile* (1651). 1ª parte. Paris: Sirey, 1972.

Huntigton, S. P. *O choque de civilizações e a recomposição da ordem mundial*. Rio de Janeiro: Objetiva, 1999.

Jones, E. *La vie et l'oeuvre de Sigmund Freud*. Volume III. Paris: PUF, 1972.

Kant, E. *Critique de la raison pure*. Paris: PUF, 1971.

_____. "Vers la paix perpétuelle". In: Kant, E. *Vers la paix Perpétuelle; Que signifie s'orienter dans la pensée?; Qu'est-ce que les lumières? Et autres textes*. Paris: Flammarion, 1991.

Kojève, A. *Introduction à la lecture de Hegel*. Paris: Gallimard, 1947.

Lacan, J. "Fonction et champ de la parole et du langage en psychanalyse". In: Lacan, J. *Écrits*. Paris: Seuil, 1966.

Lefort, C. *Essais sur le politique – XIXe – XXe siècles*. Paris: Seuil, 1986.

Léonard, J. *La medicin entre les pouvoirs et les savoirs*. Paris: Audora, 1981

Lévi-Strauss, C. *Les formes élémentaires de la parenté* (1949). Paris: Mounton, 1969.

Mann, T. *A montanha mágica*. São Paulo: Companhia das Letras, 2010.

Nietzsche, F. *Génealogie de la morale*. Paris: Gallimard, 1971.

Politzer, G. *Critique des fondements de la psychologie* (1927). Paris: PUF, 1968.

Remarque, E. M. *Nada de novo no front.* Rio de Janeiro: Civilização Brasileira, 1964.

Robinson, P. *A esquerda freudiana, Wilhelm Reich, Geza Roheim, Ernest Marcuse.* Rio de Janeiro: Civilização Brasileira, 1971.

Rousseau, J.-J. *Discours sur l'origine et les fóndements de l'inégalité parmi les hommes.* Paris: Aubier Montaigne, 1971.

Shakespeare, W. *Hamlet.* In: Shakespeare, W. *Obras completas.* Rio de Janeiro: Nova Aguilar, 2016.

The Stockholm International Peace Research Institute. "States invest in nuclear arsenals as geopolitical relations deteriorate – New sipri Yearbook out now". Disponível em: <www.sipri.org/media/press-release/2023/states-invest-nuclear-arsenals-geopolitical-relations-deteriorate-new-sipri-yearbook-out-now>. Acesso em: 20 dez. 2023.

Viderman, S. *La construction de l'espace analytique.* Paris: Denoël, 1971.

Wittgenstein, L. *Tractatus logico-philosophicus suivi de investigations philosophiques.* Paris: Gallimard, 1961.

SUJEITO E HISTÓRIA
Organização de Joel Birman

A coleção Sujeito e História tem caráter interdisciplinar. As obras nela incluídas estabelecem um diálogo vivo entre a psicanálise e as demais ciências humanas, buscando compreender o sujeito nas suas dimensões histórica, política e social.

Títulos publicados:

A crueldade melancólica, Jacques Hassoun
A psicanálise e o feminino, Regina Neri
Arquivos do mal-estar e da resistência, Joel Birman
Cadernos sobre o mal, Joel Birman
Cartão-postal, Jacques Derrida
Cartografias do avesso, Joel Birman
Deleuze e a psicanálise, Monique David-Ménard
Foucault: seu pensamento, sua pessoa, Paul Veyne
Gramáticas do erotismo, Joel Birman
Lacan com Derrida, René Major
Lacan e Lévi-Strauss, Markos Zafiropoulos
Mal-estar na atualidade, Joel Birman
Manifesto pela psicanálise, Erik Porge, Frank Chaumon, Guy Lérès, Michel Plon, Pierre Bruno e Sophie Aouillé
Metamorfoses entre o sexual e o social, Carlos Augusto Peixoto Jr.
O aberto, Giorgio Agamben
O desejo frio, Michel Tort
O desenraizamento contemporâneo, Georges Balandier

O olhar do poder, Maria Izabel O. Szpacenkopf
O sujeito na contemporaneidade, Joel Birman
Ousar rir, Daniel Kupermann
Problemas de gênero, Judith Butler
Rumo equivocado, Elisabeth Badinter
Ser justo com a psicanálise, Joel Birman

*Este livro foi composto na tipografia Sabon LT Std,
em corpo 10,5/14,9, e impresso em papel off-white
no Sistema Cameron da Divisão Gráfica da Distribuidora Record.*